Norden und Westen

Mitte

Süden und Osten

Weserbergland

Alle Informationen, schriftlich und zeichnerisch,
wurden nach bestem Wissen zusammengestellt und überprüft.
Sie waren korrekt zum Zeitpunkt der Recherche.
Eine Garantie für den Inhalt, z. B. die immerwährende Richtigkeit von
Preisen, Adressen, Telefon- und Faxnummern sowie Internetadressen,
Zeit- und sonstigen Angaben, kann naturgemäß von Verlag und Autor
– auch im Sinne der Produkthaftung – nicht übernommen werden.

Der Autor und der Verlag sind für Lesertipps und
Verbesserungen (besonders per E-Mail) unter Angabe
der Auflagen- und Seitennummer dankbar.

Dieses OutdoorHandbuch hat 155 Seiten mit 68 farbigen Abbildungen,
20 farbigen Kartenskizzen im Maßstab 1:25.000 und 1:50.000 sowie
19 farbigen Höhenprofilen und einer farbigen, ausklappbaren
Übersichtskarte. Es wurde auf chlorfrei gebleichtem Papier gedruckt,
in Deutschland klimaneutral hergestellt und transportiert und wegen der
größeren Strapazierfähigkeit mit PUR-Kleber gebunden.

ClimatePartner °

klimaneutral

Druck | ID 10951-1802-1009

Dieses Buch ist im Buchhandel und in Outdoor-Läden erhältlich und
kann im Internet oder direkt beim Verlag bestellt werden.

OutdoorHandbuch aus der Reihe „Regional", Band 387

ISBN 978-3-86686-509-9   1. Auflage 2018
© BASISWISSEN FÜR DRAUSSEN, DER WEG IST DAS ZIEL und FERNWEHSCHMÖKER sind
urheberrechtlich geschützte Reihennamen für Bücher des Conrad Stein Verlags

Text und Fotos: Norbert Rother
Lektorat: Anna-Lena Ebner
Layout und Karten: Manuela Dastig

Gesamtherstellung: gutenberg beuys feindruckerei

Dieses OutdoorHandbuch wurde konzipiert und redaktionell erstellt vom:

Conrad Stein Verlag GmbH, Kiefernstr. 6,
59514 Welver,
☎ 023 84/96 39 12, FAX 023 84/96 39 13,
✉ info@conrad-stein-verlag.de,
🖥 www.conrad-stein-verlag.de

Besuchen Sie uns bei Facebook & Instagram:

 www.facebook.com/outdoorverlag

 www.instagram.com/outdoorverlag

Titelfoto: Wandern im Raps

Inhalt

Vorwort

Der kleinräumige Wechsel von Feld, Wald und Wiese, die bezaubernden Dörfer und Kleinstädte, weitgespannte, liebliche Täler, schroffe Klippen und weite Ausblicke, geschichtsträchtige, fast vergessene Burgen und die verträumten Laubwälder mit ihren frühlingshaften Blütenteppichen, das alles macht das Weserbergland zu einem wunderschönen Wanderrevier, das immer mehr Liebhaber gewinnt.

Das Weserbergland begleitet die Weser auf beiden Seiten der 199 Flusskilometer zwischen Hann. Münden im Süden und Porta Westfalica im Norden. Dieses gesamte Gebiet wäre viel zu groß für den geplanten Umfang dieses Regionalführers gewesen. Daher habe ich mich auf den 1975 gegründeten und 1.160 km² großen Naturpark Weserbergland beschränkt, der eine Vielzahl von lohnenswerten Ausflugszielen und wunderschönen Wanderwegen und Spaziergängen bietet. Den Naturpark durchquerende Weitwanderwege, z. B. den Weserberglandweg (www.weserberglandweg.de), den Hansaweg (www.hansaweg.de) oder den Pilgerweg Loccum-Volkenroda (www.loccum-volkenroda.de), habe ich in diesem Regionalführer nicht berücksichtigt, sondern mein Augenmerk auf kleine, aber feine Rundwanderwege und -spaziergänge gelegt, die die Landschaft des Naturparks charakterisieren.

Die Wanderungen und Spaziergänge in dieser meist lieblichen, manchmal schroffen und immer wieder erstaunlich schönen Landschaft im Naturpark Weserbergland werde ich jedenfalls nicht so schnell vergessen.

Herzlichen Dank an alle, die mich auf einigen Wanderungen begleitet und sich als Fotomodelle zur Verfügung gestellt haben, insbesondere an Kerstin, Lea und Elke! Und ein ganz dickes Dankeschön an die beste Kerstin vor allen für ihre Geduld mit mir und meinem zeitaufwendigen Hobby!

Der Naturpark Weserbergland

Der 1.160 km² große Naturpark Weserbergland/Schaumburg-Hameln, wie sein voller Name lautet, liegt am nördlichen Rand der deutschen Mittelgebirge. Nach Norden schließt sich die Norddeutsche Tiefebene an den Park an.

Zur besseren Orientierung habe ich den Park in drei Bereiche eingeteilt:

Den **Norden und Westen** nimmt der Landkreis Schaumburg ein. In diesem Teil des Parks liegen die Städte Bückeburg, Bad Eilsen, Rinteln und Bad Nenndorf. Das Wesergebirge quert diesen Bereich von Osten nach Westen (und läuft außerhalb des Parks weiter bis zur Porta Westfalica), die Bückeberge liegen ungefähr im Zentrum und am östlichen Rand erhebt sich der Deister.

In der **Mitte** liegen im Landkreis Hameln-Pyrmont die Städte Bad Münder, Hessisch Oldendorf, Hameln und der Flecken Aerzen. Der Deister ragt am nordöstlichen Rand in diesen Mittelteil hinein, etwas nördlich vom Zentrum erstreckt sich der Süntel mit dem 877 ha großen Naturschutzgebiet Hohenstein und seinen eindrucksvollen Klippen.

Der **Süden und Osten** mit der Stadt Bad Pyrmont und den Flecken Salzhemmendorf und Coppenbrügge gehören ebenfalls zum Landkreis Hameln-Pyrmont. Die auffälligste und bekannteste Erhebung in dieser Region ist der Ith.

Große Teile des Naturparks Weserbergland sind als Landschaftsschutzgebiete ausgewiesen, damit der ursprüngliche Charakter des Gebietes erhalten und eine naturnahe Erholung ermöglicht wird. Und in der Tat ist der Naturpark – im positiven Sinne – touristisch gut erschlossen. In der lieblichen Kulturlandschaft wechseln sich Wälder und Felder, Täler und Berge kleinräumig ab. Neben sanften Hängen existieren steile Klippen, es gibt Aussichtstürme, Burgen, Schlösser, nette kleine Orte und auffallend viele Heilbäder. Und die Weser schlängelt sich in ihrem breiten Tal als verbindendes Band mitten hindurch und erzeugt immer wieder wunderschöne Ausblicke – alles in allem ein bezauberndes Wanderrevier!

Reise-Infos

Wandern macht Spaß

Touristisches Angebot

Der Naturpark Weserbergland ist touristisch sehr gut erschlossen. Eine Vielzahl von Übernachtungs- und Einkehrmöglichkeiten erleichtern und verschönern den Urlaub, egal ob man mit dem Fahrrad, dem Motorrad oder zu Fuß unterwegs ist. Einen Überblick über das touristische Angebot finden Sie z. B. auf der Internetseite 🖥 www.weserbergland-tourismus.de

Anreise und öffentliche Verkehrsmittel

Für Wanderer, die im eigenen Pkw anreisen, stehen viele Wanderparkplätze zur Verfügung. Die im Wandergebiet gelegenen Städte Bad Münder, Bad Nenndorf, Bad Pyrmont, Bückeburg, Hameln, Hessisch Oldendorf und Rinteln erreichen Sie mit Regionalzügen (🖥 www.bahn.de, 🖥 efa.de), die nahen Städte Bad Oeynhausen, Hannover, Herford, Hildesheim und Minden mit dem IC oder ICE (🖥 www.bahn.de).

Die **Mobilitätszentrale Weserbergland** informiert Sie umfassend über die öffentlichen Verkehrsmittel im Weserbergland (☎ 051 51/78 89 88, 🕐 Mo-Do 5:00-22:00, Fr 5:00-23:00, Sa 8:00-23:00, So 9:45-21:45, 🖥 www.oeffis.de/cms/startseite.html, keine 🐾).

Sehr hilfreich ist Google Maps 🖥 http://maps.google.de/, das die Anbindung beliebiger Punkte an das öffentliche Nahverkehrsnetz anzeigen kann. Ebenso hilfreich ist die Internetseite 🖥 www.haltestellen-suche.de Die Lage der nächsten Haltestelle können Sie mit Hilfe von Suchradien bestimmen und die Abfahrtszeiten an den gefundenen Haltestellen ansehen.

Aber erwarten Sie keine Wunder bei Anbindung und Taktung, denn der ÖPNV des ländlichen Landkreises Hameln-Pyrmont mit seinen durchschnittlich 188 Einwohnern pro km² hat es deutlich schwerer als der von Großstädten (Hannover hat z. B. eine Bevölkerungsdichte von fast 2.600 Einwohnern pro km²), kostendeckende Fahrgastzahlen zu erreichen.

Wanderkarten

Vollständige und aktuelle Karten für das gesamte Weserbergland bekommen Sie vom Landesamt für Geoinformation und Landesvermessung

Niedersachsen (LGLN), 🖳 www.lgln.niedersachsen.de, im Onlineshop 🖳 www.geobasisdaten.niedersachsen.de/shop oder im Buchhandel. Insbesondere die Topographischen Karten im Maßstab 1:50.000 eignen sich gut zum Wandern. Folgende Blätter decken den gesamten Naturpark ab: L3720 Stadthagen, L3722 Barsinghausen, L3920 Rinteln, L3922 Hameln und L4122 Holzminden.

Weitere Karten für das hier beschriebene Gebiet sind:

▷ Wander- und Freizeitkarte Weserbergland: Hameln – Holzminden, Maßstab 1:50 000, Geo Map, Ausgabe 2006

▷ Weserbergland Nördlicher Teil: Minden – Holzminden, Maßstab 1:50.000, Kartographische Kommunale Verlagsgesellschaft mbH, Ausgabe 2014

▷ Kompass-Wanderkarte Band 848: Hannover und Umgebung, Maßstab 1:50.000, Kompass-Karten GmbH, Ausgabe 2016

Geführte Touren, Vorträge, Veranstaltungen

Viele Ortschaften im Weserbergland bieten geführte Wanderungen, Vorträge über Natur und Kultur oder Arrangements für Wanderurlaube, die Sie am besten über die Tourist-Infos erfragen oder über die Internetseiten 🖳 www.westliches-weserbergland.de, 🖳 oestliches-weserbergland.de oder 🖳 www.weserbergland-tourismus.de recherchieren. Auf diesen Seiten werden auch Links zu den einzelnen Orten angeboten, sodass Sie sich umfassend informieren können.

Da stutzt man und muss gucken, dann erkennt man die Heidschnucken.

Übernachtungen/Tourist-Infos

Die vorgeschlagenen Wanderungen und Spaziergänge beginnen und enden in oder in der Nähe von Etappenorten, in denen Sie Restaurants, Cafés und Hotels finden können. Zur Planung und Buchung von Übernachtungen sind die Internetseiten der Tourismusorganisationen des Weserberglandes (🖳 www.westliches-weserbergland.de, 🖳 oestliches-weserbergland.de oder 🖳 www.weserbergland-tourismus.de) sehr hilfreich. Alle größeren Städte und Gemeinden im Naturpark betreiben zusätzlich eigene Internetseiten und die Tourist-Informationen kümmern sich persönlich um die Gäste. Stellvertretend für die vielen Tourist-Informationen im Naturpark sei auf die zentral gelegene Informationsstelle in Hameln hingewiesen:

🏛 **Hameln Marketing und Tourismus GmbH**, Deisterallee 1, 31785 Hameln, ☎ 051 51/95 78 23, ✉ touristinfo@hameln.de, 🖳 www.hameln.de, 🗓 Ostern-Okt + während des Weihnachtsmarktes Mo-Fr 9:00-18:00, Sa 9:30-15:00, So 9:30-13:00, Nov-Gründonnerstag Mo-Fr 9:00-18:00, Sa 9:30-13:00

Nützliche Telefonnummern/Notruf

110   Polizei
112   Feuerwehr und Rettungsdienst
116116   Sperrnotruf für EC- und Kreditkarten
116117   ärztlicher Bereitschaftsdienst (für Gesundheitsprobleme, die kei-
         nen Notarzt erfordern)
22456   deutschlandweiter Taxiruf

GPS

Die GPS-Tracks zu den beschriebenen Wegen können Sie auf der Internetseite des Verlags (⌨ www.conrad-stein-verlag.de) herunterladen.

Updates

Es gibt immer wieder Änderungen auf den Wegen.
Der Conrad Stein Verlag veröffentlicht deshalb
Updates zu diesem Buch, die direkt vom Autor oder
von Lesern dieses Buches stammen.

Bitte schauen Sie vor der Abreise auf die Ver-
lags-Homepage ⌨ www.conrad-stein-verlag.de.
Der abgebildete QR-Code führt Sie direkt dorthin.

Das Weserbergland ist ein einfaches bis mittelschweres Wanderrevier,
schwierige Wanderungen sind nicht dabei. Allerdings können Sie einige
Klippen und Abgründe besichtigen, die für Felskletterer eine reine Freude,
für Flachländer mit Höhenangst aber durchaus eine Herausforderung dar-
stellen. Halten Sie dann bitte einen ausreichenden Abstand zu den meist
ungesicherten Felsabbrüchen.

☺   Die 1. Tour verläuft durch mehr oder weniger flaches Gelände ohne
nennenswerten Höhenunterschied. In diesem Fall wurde auf die Darstel-
lung eines Höhenprofils verzichtet.

Norden und
Westen

Wanderin bei der Frankenburg (Tour 5)

❶ Spaziergang am Schloss Bückeburg ⌘ ⵧ ✕

Für Kinder, Kultur- und Kuchenliebhaber

Dieser kleine Spaziergang eignet sich für den Sonntagnachmittag. Bei einer 2,5 km langen kleinen Runde oder bei einer etwas längeren Version von 4,4 km umrunden Sie das Schloss Bückeburg und ein kleines Naturschutzgebiet auf guten Wegen durch die Parkanlagen, durch Wiesen und auch ein wenig durch Wald. Die Höhepunkte des Weges sind Schloss, Mausoleum, Marstallmuseum, die Hofwiesenteiche und die kleine Schwefelquelle.

↻   Start/Ziel: Brücke am Schlossgraben; Schloßplatz 1, 31675 Bückeburg, GPS N52° 15.575' E 009°2.721'

➲   kurze Variante: 2,5 km, lange Variante: 4,4 km

⧗   kurze Variante: ca. 45 Min., lange Variante: ca. 1 Std. 15 Min.

↑ ↓   kurze Variante: ca. 35 m/35 m, lange Variante: ca. 40 m/40 m

⇧   62-80 m

✕   Schlosscafé (km 0 und km 2,5 bzw. km 4,4), Park-Café (km 0,5). Außerdem finden Sie mehrere Restaurants in der Bückeburger Innenstadt (alle weniger als 200 m vom Startpunkt entfernt).

ⵧ   viele Sitzbänke und Möglichkeiten zum Ausruhen

👪   Spielplatz (km 0,5), viele Grünflächen, leichter Weg

🚼   sehr leicht mit dem Kinderwagen zu befahren

🐕   kurze Variante: viele Grünflächen und Trinkmöglichkeiten, lange Variante: zusätzlich ein kurzes Stück in der Nähe einer vielbefahrenen Straße und Umrundung eines Naturschutzgebietes mit Leinenzwang

WC   öffentliche Toilette am Parkplatz am Start/Ziel

🅿   Parkplatz am Schloss, Ernst-Kestner-Straße, Bückeburg, GPS N 52°15.567' E 009°2.8824', Parkplatz und 🚐 Wohnmobilstellplatz, Reitweg, Bückeburg, GPS N 52°15.5022' E 009°2.784'

🚋   Zum Bahnhof Bückeburg sind es ca. 800 m.

🚌   Bushaltestellen finden Sie Am Oberstenhof (ca. 300 m zum Start/Ziel, Busse 24/28, 2004 und 2026; 💻 www.svg-schaumburg.de) und in der Schulstraße (ca. 450 m zum Start/Ziel, Haltestelle „Bückeburg Stadtkirche", Busse 4, 24/28, 28, 31 2004, 2025 und 2026; 💻 www.svg-schaumburg.de).

✍   Diesen Spaziergang können Sie gut zu einer kleinen Wanderung erweitern, wenn Sie die Tour 2: Bückeburg-Bad Eilsen anschließen (➲ beide zusammen 14,5 km). In Bad Eilsen können Sie erfahren, welche kulturelle Wirkung eine kleine Schwefelquelle haben kann.

In der Nähe des Marstallmuseums führt eine kleine Brücke (Start/Ziel), die links und rechts von je einer Figurengruppe verziert wird, über den Schlossgraben. Über den Wassergraben hinweg erreichen Sie den Schlosshof und ein Café.

Schloss Bückeburg

Das Schloss Bückeburg, dessen Vorläufer erstmals 1304 erwähnt wird, wird seit seiner Erbauung durchgehend bewohnt. Zunächst war es eine Wasserburg, die eine wichtige Handelsstraße, den „Hellweg vor dem Santforde", kontrollierte. In den folgenden Jahrhunderten wurde es laufend befestigt, erweitert, renoviert, umgebaut oder wieder aufgebaut. Neben den Grundlagen der Weserrenaissance sind daher auch barocke Anteile und Elemente des Historismus enthalten. Bewohner des Schlosses ist heute Alexander Prinz zu Schaumburg-Lippe, der gegenwärtige Chef des Hauses Schaumburg-Lippe.

Schloss Bückeburg

⌘ **Schloss Bückeburg**, Schloßplatz 1, 31675 Bückeburg, ☎ 057 22/50 39 oder 95 58 30, ✉ info@schloss-bueckeburg.de, 🖥 www.schloss-bueckeburg.de, 🗓 Apr-Okt Shop tgl. 10:00-18:00, Führungen 11:00-17:00, letzte Führung 16:00, Sa-So+Feiertage 11:00-18:00, letzte Führung 17:00, Nov-März Shop tgl. 10:00-18:00, Führungen Mo-Fr 12:00-16:00, letzte Führung 15:00, Sa-So 11:00-17:00, letzte Führung 16:00

Am Marstallmuseum

☛ **Café Restaurant Alte Schlossküche**, Schloßplatz 1, 31675 Bückeburg,
☎ 057 22/901 99 41, ✉ info@alte-schlosskueche.de,
🖳 www.alte-schlosskueche.de, 🕐 tgl. 9:30-18:00

⌘ **Marstallmuseum**, Schloßplatz 7 B, 31675 Bückeburg, ☎ 057 22/89 83 50,
🕐 ganzjährig, tgl. 10:00-17:00

An dieser Brücke beginnt der beschriebene Spazierweg. Folgen Sie dem Wassergraben und lassen Sie das Marstallmuseum rechts hinter sich. Nach 150 m biegen Sie nach links ab und laufen dem Schlossgraben und dem Wanderweg X11 folgend weiter.

Sie erreichen auf einem guten Weg das Park-Café mit Restaurant, Café, Biergarten und Spielplatz (km 0,5).

☛ **Park-Café** (Café, Restaurant, Biergarten), Schloßplatz 11, 31675 Bückeburg,
☎ 057 22/35 28, ✉ buero@park-cafe-bueckeburg.de,
🖳 www.schloss-bueckeburg.de, 🕐 Di-Sa 14:00-22:00, So+Feiertage 12:00-21:00

Am Café halten Sie sich rechts und erreichen nach 110 m ein Tor, das Sie geradeaus Richtung Mausoleum durchqueren. An der Grünfläche angekommen wenden Sie sich nach rechts und folgen dem Weg zum Mausoleum ❶ (km 1).

Mausoleum

Das Mausoleum ist die Begräbnisstätte des Fürstenhauses Schaumburg-Lippe. Es wurde zwischen 1911 und 1915/16 im Stil der Neoromanik aus Travertin und Obernkirchener Sandstein zum Preis von 1 Mio. Goldmark erbaut (eine Goldmark enthielt 0,358423 g Gold, was heute einem Goldpreis von etwa € 12,50 entspricht) (2018-02: ≈ 34,60 Euro/g). Das Mausoleum soll die größte Goldmosaikkuppel Europas enthalten.

⌘ **Mausoleum**, 🖳 www.schloss-bueckeburg.de/besucher/mausoleum, 🕐 Apr-Okt Sa-So+Feiertage 11:30-17:30

Sie spazieren am Mausoleum vorbei, biegen nach 40 m links ab und stoßen auf eine T-Kreuzung, an der Sie der Wanderweg X11 nach rechts leitet. 50 m weiter kommen Sie an eine Weggabel (km 1,4).

👣　　Wenn Sie die kurze Variante (➲ 2,5 km) bevorzugen, dann biegen Sie hier links ab und stoßen nach knapp 300 m auf eine Kreuzung, an der Sie scharf links in Richtung Schloss abbiegen (km 1,7).

Für die lange Variante rund ums NSG Hofwiesenteiche herum gehen Sie 150 m weiter geradeaus und folgen dann an der Gabelung dem Fahrradweg-Schild nach links.

Sie wandern nun erst durch jungen Laubwald, dann passieren Sie links und rechts des Weges Teiche und anschließend rechts Ackerland. Auf einem mittig mit Gras bewachsenen Weg laufen Sie geradeaus auf die B83 zu. Kurz bevor Sie sie erreicht haben (km 2,1), nehmen Sie den Weg nach links parallel zur B83, die zwar gut zu hören, aber durch einen Gehölzstreifen kaum zu sehen ist. Nach rund 500 m stoßen Sie auf eine große Brücke über die B83 ❷. Hier wenden Sie sich nach links und überqueren einen Bach auf einer kleinen Holzbrücke (km 2,65).

Bald erreichen Sie einen geteerten Weg, der von der B83-Brücke kommt. 20 m hinter dieser Einmündung biegen Sie nach links in das Naturschutzgebiet Hofwiesenteiche ab (km 2,85).

Mausoleum

Naturschutzgebiet Hofwiesenteiche

Zu Ihrer Rechten liegt ein kleiner Erlenbruch, linker Hand finden Sie schilfbewachsene Teiche. Diese Feuchtbiotope haben eine überregionale Bedeutung als Rast-, Brut- und Nahrungsbiotope für Tiere und beherbergen gefährdete Pflanzenarten. Sie machen den Wert des 36 ha großen Naturschutzgebietes aus.

Das kleine Wäldchen auf der rechten Seite sieht recht gewöhnlich aus, aber es ist doch ein seltenes und besonderes Biotop mit hochspezialisierten Pflanzen in einem extrem schwierigen Umfeld. Durch die Vernässung fehlt dort Luft im Boden und damit auch der sonst Pflanzen verfügbare Stickstoff (NH_3), der von Bakterien aus elementarem Luftstickstoff (N_2) hergestellt wird. Pflanzen können diesen lebenswichtigen Stoff nicht selber herstellen.

Die Erlen haben einen Trick, wie sie trotzdem an diesem unmöglichen Standort wachsen können: Sie besitzen Wurzelknöllchen, in denen sogenannte Wurzelknöllchenbakterien den Stickstoff für sie fixieren. Poren und Luftkanäle an der Stammbasis und den oberflächennahen Wurzeln versorgen die Wurzelknöllchenbakterien mit ausreichend Luft. Außerdem bekommen sie Kohlenhydrate aus der Photosynthese der Erle, die den hohen Energiebedarf der Stickstofffixierung decken. Durch diese Zusammenarbeit erobern sich die Erlen ein schwieriges, aber exklusives Biotop ohne lästige Konkurrenten.

Nach 300 m stoßen Sie auf eine Gabelung und folgen der Markierung X11 nach links. Geradeaus sehen Sie das Schloss, linker Hand liegen schilfbewachsene Teiche, rechts Ackerland. Nach 200 m auf einem schmalen, aber gut zu gehenden Pfad erreichen Sie eine Schwefelquelle ❸ (km 3,4), die sich – die richtige Windrichtung vorausgesetzt – schon vorher olfaktorisch ankündigt.

Schwefelquelle

Diese kleine Schwefelquelle ist seit mindestens 1562 nachweisbar. In den Untergrund einsickerndes Regenwasser löst schwefelhaltige Verbindungen, z. B. Sulfate (Salze der Schwefelsäure, z. B. Gips: $CaSO_4$) und Sulfide (Salze des Schwefelwasserstoffs, z. B. Eisensulfid: FeS_2). So angereichert tritt es hier an der Quelle ans Tageslicht. Das im Wasser dissoziiert enthaltene Schwefelwasserstoffgas H_2S wird dabei unglücklicherweise auch freigesetzt und beschert dem Wanderer ein intensives Geruchserlebnis. Schwefelwasserstoff ist in hohen Dosen giftig, verflüchtigt sich aber glücklicherweise schnell. Es ist nicht gesundheitsschädlich, die drei Bänke hier für eine Rast zu nutzen.

Schwefelbakterien nutzen das H_2S zur Energiegewinnung und oxidieren es dabei zu Schwefel und Wasser. Die Bakterien bilden bei guter Ernährungslage einen Bakterienrasen, den Sie als weißlichen Überzug im Ablauf der Quelle erkennen können.

Die Schwefelverbindungen im Wasser sind medizinisch wirksam und werden schon seit Jahrhunderten zur Linderung von rheumatischen Krankheiten oder Hautleiden eingesetzt. Weil die Schüttung dieser Quelle gering und schwankend ist, erhielt Eilsen mit seiner stärkeren Schwefelquelle den Vorzug gegenüber Bückeburg, als im 18. Jahrhundert in einem der beiden Städte ein Bad entstehen sollte.

Auf einem Schild wird darauf hingewiesen, dass der Genuss des schwefelhaltigen Wassers auf eigene Gefahr erfolgt. Ein Zeitungsartikel der

Schaumburger Nachrichten vom 20. Juli 2009 kommentiert das mit: „Dass das Hinweisschild mit der Aufschrift ‚Kein Trinkwasser' alteingesessene Bückeburger vom Verzehr abhalten wird, erscheint unwahrscheinlich." Da Schwefelwasserstoff als Mittel gegen Erektionsstörungen gehandelt wird, ahnt man auch warum.

☺   Welche Badkultur hier wohl entstanden wäre, wenn die Quelle kräftiger gewesen wäre, können Sie in Bad Eilsen sehen. Die Wanderung 02: Bückeburg-Bad Eilsen lässt sich gut mit diesem Spazierweg kombinieren (➲ Gesamtlänge 4,5 km).

Rast auf einer schattigen Bank

Ca. 80 m hinter der Quelle stoßen Sie auf eine Informationstafel über die Vogelwelt in den Hofwiesen und eine Bank. Im Hintergrund sehen Sie das Schloss. Knapp 200 m weiter gehen Sie bei einer weißen Parkbank nach links weiter bis zu einem guten Weg in einer S-Kurve (km 3,6). Hier wandern Sie rechts Richtung Schloss weiter.

Nach 450 m stoßen Sie auf den Schlossgraben, dem Sie nach rechts bis zum Start- und Zielpunkt folgen.

✍   Wenn Sie die Tour 2: Bückeburg-Bad Eilsen anschließen möchten, dann gehen Sie vom Schlossplatz durch die Straße Reitweg zu einem Kreisel und folgen geradeaus der Herminenstraße bis zu den Dr.-Kurt-Blindow-Schulen (➲ ca. 600 m). Dort beginnt Tour 2.

❷ Wanderweg Bückeburg - Bad Eilsen und zurück

Für Natur- und Kulturliebhaber

Der Harrl, auf dem diese Tour verläuft, ist ein kleiner, überwiegend mit Buchenwald bestandener Höhenzug zwischen Bückeburg und Bad Eilsen. Das anstehende Gestein aus der Oberkreide enthält als kleine Besonderheiten Steinkohleflöze und Eisenkonkretionen, die Sie mit etwas Ausdauer und Glück in den alten Steinbrüchen finden können. Für die Suche benötigt man eine gewisse Schmutzunempfindlichkeit und eine gute Geländegängigkeit. Ansonsten ist der Weg leicht zu gehen. Der Kurpark in Bad Eilsen und der Idaturm mit seinem Panoramablick sind zwei schöne Highlights.

↻ Start/Ziel: Kreuzung Herminenstraße/Birkenallee in Bückeburg, GPS N 52°15.416' E 009°3.189', Einstieg auch ab Tourist-Info oder Bushaltestelle Kurhausbahnhof in Bad Eilsen möglich

➲ 8,9 km

⧗ 3 Std., mit Lustwandeln im Kurpark Bad Eilsen und Suche nach Steinkohle und Eisenkonkretionen auf dem Harrl deutlich länger

↑↓ 310 m/310 m

⇧ 78-219 m

🏷 keine durchgehende Markierung

✕ Restaurant Altes Forsthaus (km 0,6), Stramer's Kurparkcafé (km 4,9), Restaurant im Idaturm (km 6,7)

⌇ viele Sitzbänke und Möglichkeiten zum Ausruhen

👪 viele Grünflächen, leichter Weg, Boulebahnen an der Tourist-Info in Bad Eilsen (km 5,1)

🛒 leicht mit dem Kinderwagen zu befahren, nur der Abstieg nach Bad Eilsen (km 3,3-km 3,7) ist über Pfade und bergab etwas holperig, die Strecke Bad Eilsen - Idaturm - Bückeburg (km 4,8-km 8,9) ist sehr gut mit Buggy begehbar

🐕 Trinkmöglichkeit an zwei Quellen und der Bückeburger Aue in Bad Eilsen, einfacher Untergrund

🅿 Parkplätze an der Birkenallee 2, GPS N 52°15.3366' E 009°3.2064', am Bergbad, Birkenallee 3, GPS N 52°15.2886' E 009°3.2802' und beim Restaurant Altes Forsthaus, Harrl 2, GPS N 52°15.338' E 009°3.532'

Der Start- und Zielpunkt in Bückeburg liegt ca. 1,5 km vom Bahnhof Bückeburg entfernt. Vom alternativen Einstiegspunkt, der Tourist-Info in Bad Eilsen, sind es ca. 700 m zum Bahnhof in Bad Eilsen.

✍ **Diese Wanderung können Sie gut erweitern, wenn Sie die Tour 1: Spaziergang am Schloss Bückeburg anschließen (➲ beide zusammen 14,5 km).**

Die Wanderung beginnt an der Kreuzung Herminenstraße/Birkenallee in Bückeburg an der Dr.-Kurt-Blindow-Schule im Palais Bückeburg.

Palais Bückeburg

Das voluminöse historistische Palais wurde 1896 als Altenheim für Hermine zu Waldeck-Pyrmont (1827-1910) im Stil der Neorenaissance erbaut. Das auch als Herminenpalais bekannte Schloss liegt folgerichtig in der Herminenstraße. Seit 1960 beherbergt es berufsbildende Schulen.

Vom Palais aus gehen Sie die Herminenstraße leicht bergan. Nach 500 m erreichen Sie das Restaurant Altes Forsthaus.

✕ **Restaurant Altes Forsthaus**, Harrl 2, 31675 Bückeburg, ☎ 057 22/912 92 70, ✉ altes-forsthaus-bueckeburg@ewe.net, 🖥 www.altes-forsthaus-bueckeburg.de, 🗓 Mi-Sa 11:00-22:00, So 10:00-20:00

Beim Alten Forsthaus finden Sie einen kleinen 🅿 Waldparkplatz (GPS N 52°15.338' E 009°3.532') mit einer Schautafel „Bückeburg aktiv", die Sie u. a. über den Harrl aufklärt.

Sie gehen am Waldparkplatz vorbei und auf einer kleinen, geteerten und auf 10 km/h begrenzten Straße leicht bergauf in einen Buchenmischwald hinein. Sie erreichen die Herderquelle (❶, km 1), die Sie rechts in einem kleinen Talschluss finden.

Herderquelle

Die Herderquelle ist nach dem Dichter Johann Gottfried Herder (1744-1803) benannt, der – nach ausgiebigen Reisen – zwischen 1771 und 1776 als Oberhofprediger und Konsistorialrat in Bückeburg tätig war, bevor er als Generalsuperintendent und mit noch einigen Titeln mehr geschmückt nach Weimar ging. Ein Konsistorialrat ist ein Mitglied eines Kollegiums, das sich um die geschäftlichen und rechtlichen Belange der Landeskirche kümmert.

Herder war als junger Mann, trotz seiner kirchlichen Ausbildung und Arbeit, ein Anhänger der Aufklärung, der die literarische Strömung des Sturm und Drang wesentlich prägte und einer der großen deutschen Dichter wurde.

Und dieser vielversprechende junge Mann saß oft hier an dieser Quelle.

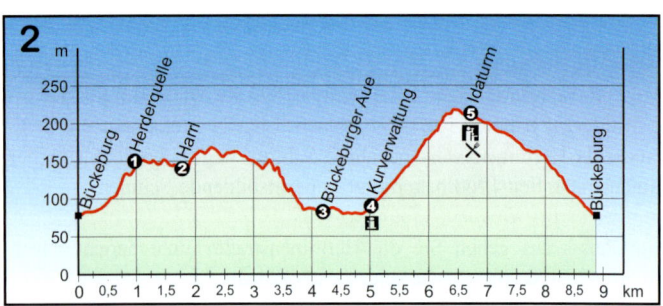

400 m weiter passieren Sie einen kleinen Steinbruch im kreidezeitlichen Sandstein auf der rechten Seite. Nach einem schönen Ausblick nach Norden ins Vorland des Harrl stoßen Sie auf einige Häuser ❷ (km 1,7), die zur Kolonie Harrl gehören, einem Teil der zu Bückeburg gehörenden Siedlung Bergdorf.

Kolonistensiedlung Harrl

Mit dieser Siedlung belohnte Graf Wilhelm Friedrich Ernst zu Schaumburg-Lippe (1724-1777) (☞ Klütturm, S. 116) treue und tapfere Soldaten. Das älteste der fünf Koloniehäuser, die hier am Waldrand des Harrl bis 1774 gebaut wurden, steht noch – im Balken über der Tür ist das Jahr 1772 als Baujahr angegeben. Es wurde dem Unteroffizier Wöbbeking übertragen, der im Siebenjährigen Krieg (1756–1763: Preußen, Kurhannover, Großbritannien und Unterstützer gegen Österreich, Russland, Frankreich nebst Verbündeten) die gegnerische Artillerie sabotiert und damit den Beschuss der eigenen Truppe verhindert hatte.

Graf Wilhelm war derjenige, der auch den Wilhelmsstein, die Festung im Steinhuder Meer (ca. 27 km NNO), errichten ließ und ein unverhältnismäßig großes stehendes Heer unterhielt. Herder (der mit der Herderquelle) klagte über Wilhelm: „Ein edler Herr, aber äußerst verwöhnt! Ein großer Herr, aber für sein Land zu groß, ein philosophischer Geist, unter dessen Philosophie ich erliege …"

Kurz hinter der Kolonistensiedlung endet der Teerweg (km 1,9) und Sie gehen immer geradeaus auf einer feingeschotterten Straße ins Landschaftsschutzgebiet Harrl hinein. Nach ca. 1 km führt rechts ein Weg bergauf, Sie gehen aber geradeaus und leicht bergab. 200 m weiter stoßen Sie auf eine Kreuzung. Hier folgen Sie dem für Reiter gesperrten Weg nach rechts bergauf (km 3,15), bis Sie den Julianenweg erreichen (km 3,4). Auf einem Pfad geht es weiter geradeaus Richtung Bad Eilsen bis zu einem Abhang.

Links die Jugendwaldkirche, erkennbar an einigen Bänken und einem Holzkreuz mit Altar. Sie folgen weiter geradeaus dem Pfad bergab auf dem Julianenweg, bis er auf einen größeren Weg stößt (km 3,5). Auf der linken Seite befindet sich ein zerfallener Unterstand.

Sie folgen nun dem größeren Weg. 100 m weiter passieren Sie eine kleine Quelle rechts des Weges. Nach links sind schon Häuser von Bad Eilsen zu sehen. Sie folgen dem Wegweiser Richtung „Terrain-Kurweg 2/Kreuz-kamp" auf einem Pfad nach links bergab und kehren am Ende der Gerhard-Hauptmann-Straße nach Bad Eilsen in die Zivilisation zurück (km 3,75).

Orientierung

Sie spazieren die Gerhard-Hauptmann-Straße bergab, stoßen auf die Graf-Wilhelm-Straße und folgen nach rechts dem Schild „Terrain-Kurweg 2/Hofmeisterpromenade" bis zur Kreuzung mit der Julianenstraße (km 4). Am Zebrastreifen überqueren Sie die Hauptstraße (Bückeburger Straße) und gehen auf ihr nach links weiter.

 Auf der Bückeburger Straße finden Sie die Bushaltestelle Bad Eilsen Kurhausbahn-hof, von der aus Sie etwa alle 2 Std. nach Bückeburg zurückfahren könnten (Fahr-plan 🖳 www.efa.de).

Sie gehen auf der Bückeburger Straße bis zur Abzweigung nach Obern-kirchen. Dort folgen Sie nach rechts der Obernkirchener Straße Richtung Obernkirchen bis zur Bückeburger Aue ➌ (km 4,2). Kurz vor der Brücke biegen Sie nach rechts ab und spazieren auf einem Weg längs der Aue durch den Kurpark. Sie passieren Rasenflächen, einen Rosengarten und stoßen in der Nähe des Kurzentrums auf eine T-Kreuzung (km 4,8). Nach links geht es zur Tuffsteinquelle.

Tuffsteinquelle

Der 1914 erbaute Säulenbogen um die Tuffsteinquelle ist das Wahrzeichen von Bad Eilsen. Der Säulenbogen markiert die Reste eines ehemals größeren Hügels aus Kalktuff, einem weichen, porösen Kalkgestein, das durch Ausfällung an stark kalkhaltigen Quellen entstehen kann.

Nach einer Sage soll der Teufel an dieser Stelle von einem Meteoriten in den Boden gehämmert worden sein, aber er soll sich wieder befreit und den Ort verflucht haben.

Heilbad Eilsen

Und der Fluch des Teufels verwandelte sich für Eilsen zu einem Segen: Auf dem Weg entlang der Bückeburger Aue zur Tuffsteinquelle ist Ihnen sicherlich schon der gewöhnungsbedürftige („teuflische") Geruch aufgefallen, ein Produkt der Stinkequellen, die Bad Eilsen zu einem international bekannten und staatlich anerkannten Heilbad machten. Das Wasser der Schwefelquellen wird seit alters her und auch heute noch zur Linderung von rheumatischen Erkrankungen eingesetzt (☞ Schwefelquelle, S. 20).

Da Eilsen stärkere Quellen als Bückeburg aufweisen konnte, entschied die Gräfin Juliane zu Schaumburg-Lippe (1761-1799) im Jahre 1794, in Eilsen eines dieser beliebten Heilbäder zu errichten. Ihr Widersacher, der Landgraf Wilhelm von Hessen-Kassel (1743-1821), hatte bereits 1787 ein Schwefelbad im 20 km nordöstlich gelegenen Nenndorf gegründet und Pyrmont, ca. 30 km im Südsüdosten, war im 18. Jahrhundert durch sein Kohlensäurebad aufgeblüht.

Juliane legte in Eilsen den Grundstein für ein ebenfalls aufblühendes Bad, das besonders im 19. Jahrhundert berühmt war und durch ein bis 1848 bestehendes Spielcasino gute Gewinne abwarf. Zu den bekannten Besuchern gehörten der Literaturnobelpreisträger Gerhart Hauptmann (1862-1946) und der Pianist und Komponist Franz Liszt (1811-1886).

1971 wurde Eilsen als Staatliches Heilbad anerkannt. Spezialgebiete von Klinik und Rehazentrum sind Orthopädie, Rheumatologie und Innere Krankheiten.

An der T-Kreuzung (km 4,8) führt Sie der Weg nach rechts weiter. Sie kommen an Stramer's Café vorbei und können sich an den Tafeln über das historische Bad Eilsen informieren.

✕   **Stramer's Kurparkcafé**, Harrlallee 2, ☎ 057 22/844 35,
⌨ www.stramers-bad-eilsen.de, 🕐 Mo + Mi-Fr 18:00-21:00, Sa, So und Feiertage 12:00-14:30 und 18:00-21:00

Am Café vorbei wandern Sie auf der Harrlallee bergauf. Nach Überquerung der Bückeburger Straße finden Sie linker Hand die Touristeninformation und Kurverwaltung sowie ein Museum im Haus des Gastes (❹, km 5,05). Das Restaurant Carpe Diem in der Touristeninformation wurde Anfang 2015 geschlossen.

ℹ   **Tourist-Info Bad Eilsen**, Bückeburger Straße 2, ☎ 057 22/886 50,
✉ info@bad-eilsen.de, ⌨ www.bad-eilsen.info, 🕐 März-Okt Mo-Mi + Fr 9:00-12:00 und 15:00-17:00, Do 9:00-12:00, Nov-Feb Mo-Mi 9:00-12:00 und 15:00-17:00, Do-Fr 9:00-12:00

✑   Die Tourist-Info von Bad Eilsen bietet sich als alternativer Startpunkt für diese Wanderung an. Wenn Sie von hier aus nicht den gesamten Weg gehen wollen, sondern nur zum Idaturm und zurück spazieren möchten, haben Sie einen Weg von ➲ 3,5 km Länge vor sich.

Bergauf passieren Sie den Englischen Garten auf der linken Seite, kommen am Abzweig zum Landhaus Lahmann, durchschreiten den Park der Stille und erreichen eine Tafel, die Sie über die Anfänge des Bades aufklärt (km 5,5). 50 m weiter hört der geteerte Weg auf und Sie gehen leicht bergan und auf dem Kammweg weiter zum Idaturm (❺, km 6,7).

✕ 🏛   **Idaturm**, 🕐 Di-Fr 10:00-18:00, Sa 10:00-20:00, So 10:00-19:00, Mo Ruhetag

Idaturm

Eine Inschrift im Turm informiert darüber, dass der Idaturm 1847 im Auftrag von Georg Wilhelm zu Schaumburg-Lippe (1774-1860) erbaut wurde (dem Sohn von Juliane zu Schaumburg-Lippe, die den Grundstein für den

Blick vom Idaturm

Bäderbetrieb in Bad Eilsen legte), u. a. für die Landesvermessung. Anfang des 19. Jahrhunderts war Schaumburg-Lippe nur mäßig kartographiert. Es gab bereits ein militärisch brauchbares Kartenwerk, das zwischen 1795 und 1817 auf Veranlassung von Generalmajor von Lecoq (1754-1829) erstellt worden war. Die Karten waren zwar detailreich, aber genau im heutigen Sinne waren sie nicht. Dazu benötigt man eine großflächige Vermessung, bei der weit voneinander entfernt liegende, gut sichtbare Punkte (z. B. der Idaturm) angepeilt und vermessen werden. Das kleine Schaumburg-Lippe übertrug mangels Fläche die Vermessung und Kartographie an die Preußen, die zwischen 1877 und 1912 mit der Preußischen Landesaufnahme den Vorläufer der heutigen topographischen Karten schufen.

Vom kostenfrei zugänglichen Idaturm haben Sie einen wunderschönen 🚹 Rundumblick.

Hinter dem Idaturm folgen Sie dem Kammweg immer geradeaus bergab in Richtung des Start- und Zielpunktes dieser Wanderung. Nach 600 m

passieren Sie einen Stein auf der rechten Seite des Weges mit der Auf-
schrift „Fürst Philipp-Ernst-Weg" (km 7,3). Der Stein verweist auf Philipp
Ernst zu Schaumburg-Lippe (1928-2003), langjähriger Chef des Hauses
Schaumburg-Lippe. Sein Nachfolger ist sein Sohn Alexander Prinz zu
Schaumburg-Lippe (geb. 1958).

☺   Hier im Steinbruch auf der rechten Seite können Sie mit etwas
Geduld und Glück Steinkohle finden. Sie entstand in der Kreidezeit aus
Mooren und Sumpfwäldern, die am Rand eines ebenen, flachen Beckens
standen und vom südlich gelegenen Festland her immer wieder von Sand
überschwemmt wurden.

Suche nach Kohleflözen im Oberkreide-Sandstein

   Im folgenden Verlauf des Weges liegen auf der rechten Seite richtig
steile Felsen aus Oberkreide-Sandstein. Ein Schild mit der Überschrift
„Spurensuche im Harrl" (km 7,4) klärt Sie über Steinbrüche und wildes
Kohlehacken auf.

Besuch beim Drüsigen Springkraut (Impatiens glandulifera)

Sie wandern immer geradeaus weiter. Sie passieren eine alte Robinie links des Weges (km 7,6) und kommen etwa 400 m dahinter durch ein Gebiet mit vielen Vertiefungen, wahrscheinlich den Spuren des unkontrollierten Kohleabbaus, dem „wilden Kohlehacken", Anfang des 19. Jahrhunderts.

Schließlich taucht linker Hand das Bückeburger Bergbad auf. Sie gehen am **P** Parkplatz für das Bergbad vorbei und auf der Birkenallee leicht bergab zum Start- und Zielpunkt (km 8,8).

❸ Heisterburg   ⌘ ⊼ ✕ ▣

Für Natur- und Kulturliebhaber   👪 👪 🐐 🐐

Diese Wanderung durch den nordwestlichen Deister führt Sie durch schönen Buchenhochwald, über das Gelände zweier mittelalterlicher Burgen und zu einer alten Kohlengrube, die an Wochenenden als Besucherbergwerk betrieben wird. Ganz nebenbei haben Sie an mehreren Stellen wunderschöne Ausblicke ins Tal der Rodenberger Aue.

↻	Start/Ziel: Parkplatz vor der Deisteralm, Luttringhäuser Weg 50, Barsinghausen, GPS N 52°19.02' E 009°24.637'
➲	11,5 km
⧖	3 Std.
↑ ↓	498 m/498 m
⇧	143-340 m
✎	E1 (weißes Kreuz auf schwarzem Grund, km 1,4-km 4,2), Wegweiser Richtung Feggendorfer Stollen und Feggendorf (km 4,2-km 5,75), Wanderweg Bennigsen-Lauenau (zwei weiße liegende Striche, km 4,75-km 8,4), Rundwanderweg Bad Nenndorf 3 (km 9,25-km 10,25)
✕	Restaurant Deisteralm (km 0 und km 11,6), Waldgaststätte Teufelsbrücke (km 1,9), Mooshütte (ca. 300 m vom Weg, Abzweig km 11)
⊼	Unterstände (km 0,3, km 1,2 und km 11,25), Wasser, Tische und Bänke am Feggendorfer Stollen (km 4,8), Aussichtsturm mit Bänken (km 10,3)
👪	für Kinder gut geeignet wegen des Feggendorfer Stollens, zweimal Überquerung eines (kaum noch erkennbaren) Burggeländes
🚲	nicht geeignet (viele schmale Pfade, sumpfige und steile Stellen)
🐐	kein Naturschutzgebiet, mehrfach Trinkwasser
🅿	Parkplatz vor der Deisteralm, Luttringhäuser Weg 50, Barsinghausen, GPS N 52°19.02' E 009°24.637'
🚆	Der Start- und Zielpunkt liegt ca. 2,4 km von der S-Bahnhaltestelle Winninghausen entfernt.
🚌	Die Bushaltestelle „Hohenbostel Mitte" (Bus 530) an der Nenndorfer Straße ist ca. 1,9 km vom Start- und Zielpunkt entfernt.

Der Weg beginnt und endet auf dem Wanderparkplatz Bantorfer Höhe kurz vor dem Restaurant Deisteralm.

✕ **Restaurant Deisteralm**, Luttringhäuser Weg 50, 30890 Barsinghausen, ☎ 051 05/25 66, ✉ info@deister-alm.de, 🖵 www.deister-alm.de, 🕐 Di 11:00-15:00, Mi-So ab 11:00, Küche bis 20:00

Am Parkplatz können Sie an einem Infoschild einen ersten Überblick über die Kohleförderung im Deister bekommen. Folgen Sie dem Wegweiser Richtung Mooshütte den Hügel hinab (links Gebüsch, rechts freies Feld) bis zum ⚟ Unterstand am Waldweg (km 0,3). Gehen Sie hier nach links bergauf Richtung Teufelsbrücke.

Huflattich

An einer Kreuzung (km 1,2) erreichen Sie den nächsten ⚟ Unterstand. Hier finden Sie links etwas Kunst („Wald im Blick" mit dem Thema Nachhaltigkeit). Biegen Sie nach rechts vom Hauptweg ab und marschieren Sie dann (mit dem Unterstand zu Ihrer Linken) nach links auf einem etwas schlechteren Weg Richtung Teufelsbrücke/Kreuzbuche durch Buchenhochwald.

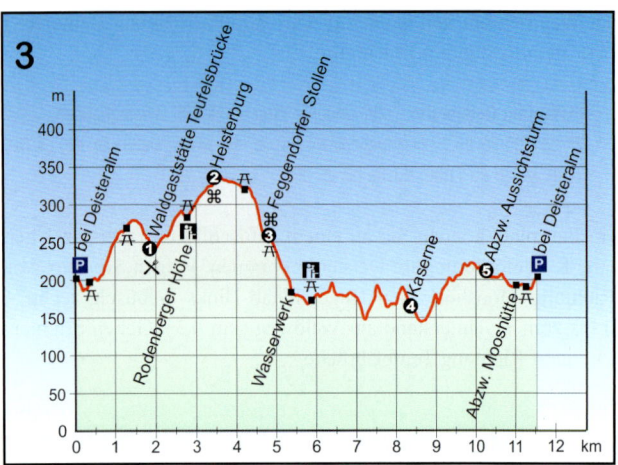

Nach 200 m folgen Sie an der Gabelung mit einem Schild zur Herz-frequenzmessung geradeaus dem E1, der durch ein weißes Kreuz auf schwarzem Grund gekennzeichnet ist.

✎   E1 (weißes Kreuz auf schwarzem Grund) bis km 4,2

Sie gehen etwas bergab, passieren rechts ein etwas jüngeres Waldstück, einen Rastplatz mit dicker Sandsteinbank und ein kleines Häuschen (km 1,8) und steigen über Treppenstufen ins Tal hinab zur Teufelsbrücke. Dahinter stoßen Sie auf einen guten Waldweg und gehen rechts weiter Richtung Rodenberg. Sie kommen zur Waldgaststätte Teufelsbrücke ❶.

✕   **Waldgaststätte Teufelsbrücke**, Heisterburg 1, 31552 Rodenberg,
       ☎ 057 23/756 56, ✉ waldgaststaette@teufelsbruecke.de,
       🖥 www.teufelsbruecke.de, 🕐 Di-Fr 11:00-18:00, Sa-So 10:00-19:00

Hinter dem Schild „Waldgaststätte Teufelsbrücke" wandern Sie an der Gabelung links leicht bergan. Sie laufen geradeaus, gehen durch Buchen-hochwald, stoßen auf Fichtenwald (km 2,55) und kommen kurz darauf zum Wegweiser, der nach rechts zur 🏛 ⛩ Rodenberger Höhe (km 2,75) zeigt.

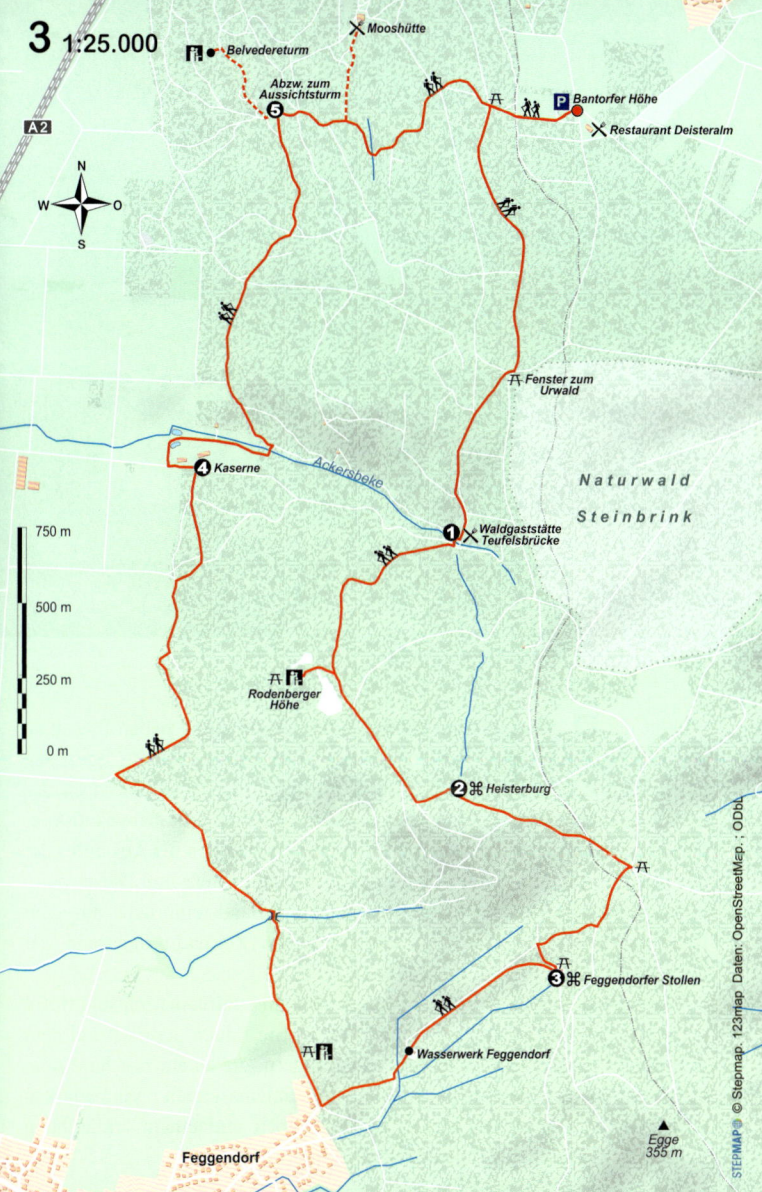

3 1:25.000

A2

N
W O
S

Belvedereturm
Mooshütte
Abzw. zum Aussichtsturm
5
Bantorfer Höhe
P
Restaurant Deisteralm
Fenster zum Urwald
Naturwald
Steinbrink
Ackersbeke
4 Kaserne
1 Waldgaststätte Teufelsbrücke
750 m
500 m
250 m
0 m
Rodenberger Höhe
2 Heisterburg
3 Feggendorfer Stollen
Wasserwerk Feggendorf
Feggendorf
Egge
355 m

STEPMAP © Stepmap, 123map; Daten: OpenStreetMap; ODbL

Blick ins Wesertal mit Schlehenblüten

Von der  **Aussichtsplattform Rodenberger Höhe** haben Sie einen schönen Ausblick ins Tal der Rodenberger Aue. Die Autobahn 2 quert den Blick. Das auffällig bebaute Gebiet links neben den Windrädern ist das Edeka Logistikzentrum in Lauenau, die Orte hinter der Autobahn sind Apelern und weiter rechts Rodenberg. Im Hintergrund liegen die Ausläufer der Bückeberge mit dem Großen Karl, Münchhausener Berg und Heisterberg. Im Umfeld der Aussichtsplattform finden Sie Sandsteinbrüche aus dem Barrème (vor 129,4-125 Mio. Jahren), einem Zeitraum innerhalb der Unterkreide.

Sie gehen zurück zum Wegweiser, der Sie zur Aussichtsplattform geschickt hat, und wenden sich nach rechts. Sie folgen dem E1 und dem Wegweiser Richtung Kreuzbuche und wandern auf einem mit Sandstein gepflasterten Weg, den Sie kurz vor einem Sendemast nach links verlassen (km 3,4). Nun erreichen Sie an einem Graben und einem erklärenden Schild das Gelände der Heisterburg ❷ (km 3,5-3,65).

Heisterburg

Von der Heisterburg sind oberirdisch leider nur noch einige Gräben und Vertiefungen erhalten geblieben, aber immerhin befindet man sich auf einem sehr alten Burggelände, das in die Zeit vom 8. bis 12. Jahrhundert zu datieren sein soll. Keramikfunde deuten vor allem auf eine Besiedlung im 11. Jahrhundert hin. Die Burg wird auf Flurkarten des 16. Jahrhunderts noch als Hoyer oder hoiser Burch bezeichnet, wobei das Wort Hoyer auf Hütung hinweist, also auf eine Warte oder Wächterburg. Allerdings gibt es zu dem Zweck der Anlage unterschiedliche Theorien. Wegen der 2014 bei geophysikalischen Messungen festgestellten Steingebäude könnte es sich um den Sitz einer Adelsfamilie gehandelt haben. Oder es war eine Grenzstelle an einem Handelsweg. Und wegen gefundener Verhüttungsreste könnte ein Zusammenhang mit dem Bergbau im Deister bestehen. Die starke Befestigung und die dauerhafte Anwesenheit von Menschen lassen immerhin den Schluss zu, dass es sich um einen militärischen und politischen Zentralplatz in der Art einer befestigten Höhensiedlung gehandelt haben muss.

Sie folgen weiter dem E1 und dem Wegweiser Richtung Kreuzbuche bis zu einer großen Kreuzung, an der links ein ⛺ Unterstand zu finden ist (km 4,2).

✎   Hier verlassen Sie den E1 und orientieren sich an den Wegweisern Richtung Feggendorf und Feggendorfer Stollen bis km 5,75.

An der Kreuzung folgen Sie dem Wegweiser Richtung Feggendorf nach rechts und wandern auf einem guten Waldweg leicht bergab. Nach ca. 200 m biegen Sie an dem Schild „30 m unter Ihren Schuhen wird gearbeitet" nach rechts vom Weg auf einen Pfad ab, der Sie zunächst an der Oberkante eines Hohlweges entlangführt. Sie queren einen weiteren Hohlweg und erreichen einen Waldweg (km 4,65). Auf der rechten Seite finden Sie ein Bremsenfundament. Links liegt der Feggendorfer Stollen ❸ (km 4,8).

Feggendorfer Stollen

Kohle wurde im Deister bereits seit dem Ende des 16. Jahrhunderts abgebaut, zunächst noch durch das Ausheben von Kuhlen (☞ siehe auch das

„wilde Kohlehacken" in Tour 2, S. 30). Die erste Kohlengrube ist aus dem Jahr 1639 nachweisbar, und 1831 wurde der Feggendorfer Stollen (oder in alter Schreibweise „Stolln") eingerichtet. Die Kohle ließ sich gewinnbringend verkaufen, da die beginnende Industrialisierung einen großen Energiehunger mit sich brachte. Die Förderung stieg anfangs bis auf 1.600 t pro Jahr, aber bereits 1879 war die Grube das erste Mal unrentabel und musste geschlossen werden. Im Ersten Weltkrieg wurde sie wieder reaktiviert und letztendlich bis 1952 genutzt.

Unterkreide-Sandstein

Die Deisterkohle stammt aus der Unterkreide (100-140 Mio. Jahre alt). Sie ist damit um einiges jünger als die Karbonkohle des Ruhrgebiets (Karbon ist 299-359 Mio. Jahre alt).

Die heutige Nutzung als Besucherbergwerk ist einer kleinen Gruppe freiwilliger, ehrenamtlicher Helfer zu verdanken, auf deren Internetseite Sie noch viele Informationen über den Feggendorfer Stollen finden können.

Lore am Feggendorfer Stollen

⌘ **Feggendorfer Stollen**, ✉ info@feggendorfer-stolln.de, 💻 feggendorfer-stolln.de, 🎫 Einfahrt für Besucher Apr-Sep So 11:00 und 14:00 (schmutzunempfindliche Kleidung, robuste Schuhe oder Gummistiefel notwendig; Helm und Lampe werden gestellt), zusätzliche Sonderführungen für Gruppen möglich

Der Weg führt um die Lore, auf der „Feggendorfer Stollen" geschrieben steht, rechts herum und Sie gehen an der Abraumhalde entlang leicht bergab.

Auf dem guten Feinschotterweg bergab befinden Sie sich auf der alten Bremsbergtrasse. Infotafeln informieren Sie über einige Stationen im Zusammenhang mit dem Kohlebergbau und über die Wirkesburg (km 5,25).

Sie erreichen am Wasserwerk Feggendorf (km 5,35) den alten Feggendorfer Verladeplatz. Sie gehen geradeaus weiter, nehmen an der Gabelung 100 m weiter den rechten Weg und biegen kurz vor den Häusern von Feggendorf (km 5,75) rechts ab.

✎   Der Weg ist ab hier bis km 8,4 durch zwei weiße, übereinanderlie-
gende Striche gekennzeichnet.

Sie spazieren am Waldrand entlang und können, besonders bei einer
Bank (km 5,9), einen schönen Blick nach links in die Rodenberger Aue
genießen. An einer Gabelung (km 6,25) folgen Sie geradeaus den Wegmarkierungen (liegende weiße Striche), überqueren auf einer neuen Brücke
einen Bach (km 6,4) und biegen an der gleich darauffolgenden T-Kreuzung
nach links ab. Wenn Sie im Frühjahr hier unterwegs sind, werden Sie viel
Bärlauch (☞ Bärlauch, S. 113) finden.
Sie halten sich den Wegzeichen folgend geradeaus, bis Sie in einem Tal
einen kleinen Bach erreichen (km 7,2). Hier müssen Sie rechts am Waldrand entlang bergauf. Drehen Sie sich ab und zu um, der Blick ins Tal ist
(besonders zur Rapsblüte) sehr schön. Oben folgen Sie dem Waldrand auf
einem Pfad nach links. Ein Bach kreuzt Ihren Weg (km 7,75): Hier ist es
auch dann matschig, wenn es einige Zeit nicht geregnet hat. Die folgende
Pfadkreuzung überqueren Sie geradeaus. Sie treffen vom Pfad kommend
auf die Kurve eines Forstweges und wandern nach links auf die Häuser zu.
Bei einer Kaserne erreichen Sie eine T-Kreuzung ❹ (km 8,4).

✎   Der Weg ist ab hier nicht mehr durch die zwei liegenden Striche
gekennzeichnet.

Gehen Sie nach links und dann nach rechts auf einem Feldweg um die
Kaserne herum. Sie wandern nun am Teich vorbei an der Ackersbeke bach-
aufwärts bis zu einem Wasserdruckbehälter (km 8,95).
Kurz davor biegen Sie nach links ab, überqueren den Bach und nehmen
an der folgenden T-Kreuzung den Weg nach links auf einen Zaun zu. Sie
begleiten den Zaun ein wenig, stoßen auf eine T-Kreuzung mit einem
Waldweg und gehen links weiter. 100 m weiter überqueren Sie eine Kreuzung geradeaus.

✎   Ab hier können Sie den Schildern „Rundwanderweg Bad Nenndorf
3" bis km 10,25 folgen.

Sie kreuzen geradeaus einen weiteren Waldweg (km 9,55), folgen kurz darauf einem Hohlweg rechts bergauf, nehmen an der Gabelung 100 m weiter den linken Weg und überqueren eine Kreuzung (km 9,8) geradeaus Richtung Cäcilienhöhe und Aussichtsturm. Gut 400 m weiter stoßen Sie erneut auf eine Kreuzung ❺ (km 10,25).

✍ 	Wenn Sie einen Abstecher zum 🏯 Aussichtsturm machen wollen, müssen Sie nach links. Die Aussicht war allerdings vor Kurzem sehr zugewachsen, sodass der Aussichtsturm seinem Namen nicht gerecht wurde. Es gibt aber immerhin einige Bänke zum Ausruhen.

Wenn Sie den Aussichtsturm auslassen, dann gehen Sie hier rechts weiter.

✎ 	Der Wanderweg ist ab hier nicht mehr durch Wegzeichen gekennzeichnet.

An der nächsten Waldwegkreuzung gehen Sie rechts. Danach halten Sie sich geradeaus, überqueren eine Kreuzung mit Grenzstein (km 11) geradeaus Richtung Bantorfer Höhe.

✍ 	An dieser Kreuzung können Sie nach links einen Abstecher zur 300 m entfernten Mooshütte machen.

✗ 	**Mooshütte**, An der B65, 31542 Bad Nenndorf, ☎ 057 23/91 41 18,
	✉ mooshuette@gmx.de, 🖳 www.mooshuette.de, 🕐 Di-Fr 11:00-19:00, Sa-So 10:00-19:00

Sie folgen dem Wegweiser Richtung Bantorfer Höhe, stoßen wieder auf den Unterstand, den Sie schon vom Anfang der Tour kennen (km 11,25), und wandern das letzte Stück geradeaus bergauf zum Parkplatz (km 11,5).

❹ Kirschenweg Todenmann   ⌘ ⼝ ✗

Für Natur- und Kirschenfreunde

Der Kirschenweg in Todenmann passt mit weniger als 4 km Länge nicht ganz in die Rahmenbedingungen für diese Buchreihe. Aber es wäre wirklich zu schade, diesen schönen Sonntagnachmittagsspaziergang nicht aufzunehmen, der gerade zur Zeit der Kirschblüte im April besonders reizvoll ist.

↻   Start/Ziel: Parkplatz Hotel/Restaurant Altes Zollhaus, Hauptstraße 5, Rinteln-Todenmann, GPS N 52°12.535' E 009°3.518'

➟   3,6 km

⏳   1 Std. 30 Min.

↑ ↓   96 m/96 m

⇧   82-143 m

✎   gelbes Schild mit blauer Aufschrift „RI 20" und zwei roten Kirschen

✗   Hotel/Restaurant Altes Zollhaus (km 0 und km 3,6), Gasthaus Zur Linde (km 2,1)

⼝   mehrere Bänke

👪   keine speziellen Kinderattraktionen, außer im Juni, wenn die Kirschen reif sind

🛒   mit Buggy machbar, aber teilweise Waldweg und grasbewachsener Feldweg oberhalb von Todenmann

🐕   Wasser am Bach (km 0,65), einfacher Untergrund, teilweise im Siedlungsbereich, ein kleines Stück (km 2,45-km 2,9) im NSG Kamm des Wesergebirges mit ganzjährigem Leinenzwang. Leider fällt der Leinenzwang während der Brut- und Setzzeit (1.4. bis 15.7.) in die Zeit der Kirschblüte und -reife.

🅿   Parkplatz Hotel/Restaurant Altes Zollhaus, Hauptstraße 5, Rinteln-Todenmann, GPS N 52°12.535' E 009°3.518' und Fülmer Straße/Am Moorhof, Rinteln-Todenmann, GPS N 52°12.546' E 009°2.810'

🚌   Die Bushaltestellen „Todenmann Altes Zollhaus" und „Todenmann Gasthaus Zur Linde" liegen nah am Weg (Bus 2025; 🖥 www.svg-schaumburg.de) an der Hauptstraße in Todenmann.

     Der Kirschenweg Todenmann ist hervorragend durch ein gelbes Schild mit zwei roten Kirschen und der Aufschrift „Kirschenweg Todenmann" sowie einer blauen RI 20 markiert. Zusätzlich weisen Infotafeln auf die 31 verschiedenen Kirschsorten und auf Besonderheiten am Wege hin.

☺   Die Inhalte der Infotafeln können Sie sich als pdf-Datei von der Seite 🖥 www.kirschendorf.com/index.php/kirschenrundwanderweg herunterladen.

Die Wanderung startet am Parkplatz des Hotels/Restaurants Altes Zollhaus.

✕   **Hotel/Restaurant Altes Zollhaus**, Hauptstraße 5, Rinteln-Todenmann,
☎ 057 51/971 80, ✉ info@zollhaus-rinteln.de, 🖥 www.zollhaus-rinteln.de,
🍴 Küchenöffnungszeit So-Do 18:00-21:30, Fr-Sa 18:00-22:00, Sa-So und feiertags 12:00-14:30

Vom Alten Zollhaus (Start/Ziel) aus gehen Sie die Straße Zum Allersiek hinab. Unterwegs werden Sie an der Infotafel 1 über die Todenmanner Ochsenherzkirsche informiert, eine alte Lokalsorte. Kurz vor dem Dankerser Wald (km 0,55) können Sie auf der Infotafel 2 mehr über die Dankerser Mühle, die hier einmal stand, und das Rittergut Dankersen (🖥 www.gut-dankersen.de) erfahren.

Wegweiser

Familie von Ditfurth

Die auf dem Infoschild genannte Familie von Ditfurth, die das Gut seit 1591 besitzt, hat mehrere Linien und einige bekannte Persönlichkeiten hervorgebracht. Sehr bekannt, aber nicht vom Rittergut Dankersen stammend, ist Hoimar von Ditfurth (1921-1989), der nach dem 1148 urkundlich erwähnten Stammvater Hoimarus de Dhitvorden benannt sein dürfte. Er machte seinem ungewöhnlichen Vornamen alle Ehre: Der Name Hoimar soll aus dem Althochdeutschen stammen und sich von hugu (Verstand, Geist) und mari (bekannt, berühmt) ableiten lassen. Hoimar von Ditfurth war nicht nur Arzt, sondern auch ein exzellenter Autor und Fernsehjournalist, der durch die ZDF-Sendereihe Querschnitte berühmt wurde. Seine Tochter Jutta Ditfurth ist eine bekannte Politikerin, die 1980 an der Gründung der Partei Die Grünen mitwirkte.

Sie biegen nach rechts ab in das Wäldchen hinein ❶, überqueren den Bach auf einer Holzbrücke (km 0,65) und wenden sich am Waldrand nach rechts. Auf einem Feldweg mit etwas Gras in der Mitte wandern Sie Richtung Todenmann leicht bergauf.

An der T-Kreuzung im Ort (km 1,4) können Sie nach links gehen, um nach 150 m auf Bänken an der Straße Am Moorhof zu rasten. Sie können aber auch gleich nach rechts die Fülmer Straße hinaufgehen.

Buschwindröschen (Anemone nemorosa)

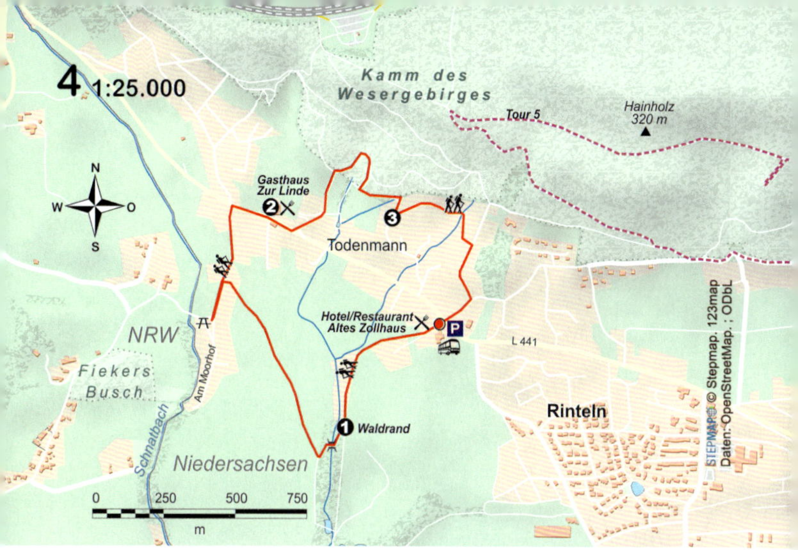

An der Hauptstraße (km 1,9) biegen Sie nach rechts ab, folgen ihr 200 m und spazieren dann links die Straße Bödekers Brink hinauf. Aus der Teerstraße wird ein wiesengesäumter Feldweg und Sie werden über die Kirschsorte Kronprinz von Hannover informiert.

Sie kommen zum Hotel Gasthaus Zur Linde ❷.

✕ **Hotel Gasthaus Zur Linde**, Hauptstraße 30, Rinteln-Todenmann, ☎ 057 51/57 39, ✆ info@zur-linde-rinteln.de, 🖥 www.zur-linde-rinteln.de, 🍴 Restaurant Mo-Do 17:00-22:00, Fr-So 11:30-14:30 und 17:00-22:00

Kirschen

Hätten Sie gedacht, dass Sie auf einem Spaziergang 31 verschiedene Kirschsorten kennenlernen können? Sie alle gehören zu den Vogel-Kirschen (Prunus avium), die an ihrer quer gestreiften Ringelborke und an den zwei roten Nektardrüsen am Stiel der zugespitzten, grob gesägten Blätter

Kirschendorf Todenmann

gut zu erkennen sind. Es gibt sie in drei Unterarten. Die Wilde Vogel-Kirsche (Prunus avium ssp. avium) ist die ursprüngliche Wildform. Sie hat kleine Blätter und kleine Früchte, die nicht besonders saftig und süß sind. Davon abgeleitet sind die beiden Zuchtformen Herz- und Knorpelkirsche, die größere Blätter und größere, süßere Früchte haben als die Urform. Bei beiden Unterarten sind die Früchte meist schwarzrot, manchmal auch gelb bis weiß. Die Knorpelkirschen (Prunus avium ssp. duracina) haben ein festes, rotes bis gelbes Fruchtfleisch, während das Fruchtfleisch der Herzkirschen (Prunus avium ssp. juliana) rot bis schwarzrot und weich ist.

Ökologisch interessant sind die oben erwähnten Nektardrüsen. Die Drüsen erzeugen einen zuckerhaltigen Saft, mit dem die Kirsche Ameisen anlockt. Nach der kostenlosen Saftmahlzeit machen sich die Ameisen dann als Gegenleistung über die Schädlinge her, die der Kirsche das Leben schwer machen.

Die Sauerkirschen gehören nicht zu den Vogel-Kirschen, sondern zur Art Prunus cerasus. Und die Kirschen, für die in Japan die Kirschblütenfeste gefeiert werden, sind Japanische Blütenkirschen (Prunus serrulata). Und wer braucht schon Japan, wenn man zur Kirschblüte nach Todenmann fahren kann?

Kirschblüte

An der T-Kreuzung am Waldrand (km 2,45) folgen Sie dem Waldweg nach rechts. Kurz hinter der folgenden Rechtskurve müssen Sie nach rechts auf einen Fußpfad abbiegen (km 2,6), der Sie wieder zum Waldrand führt, an dem eine Bank zum Rasten einlädt. Sie folgen dem Waldweg nach links und erreichen nach einer Rechtskurve wieder das Siedlungsgebiet an der Straße Kirschenweg ❸ (km 2,9).

Der Kirschenweg zieht sich am oberen Rand des Ortes hin und neben den vielen blühenden Gartenblumen werden Sie durch Ausblicke ins Wesertal erfreut.

Der Kirschenweg stößt auf die Straße Bleekebrink (km 3,3), der Sie bergab zum Ziel am Alten Zollhaus (km 3,6) folgen.

⑤ Luhdener Klippen   ⌘ ⼤ ✕ 🏠

Für Naturliebhaber   👫 👫 🐕

Diese Wanderung hinauf auf die Höhenzüge des Wesergebirges bei Rinteln führt Sie zur Frankenburg, einer Burgruine aus dem 10. bis 11. Jahrhundert, und zu den Luhdener Klippen mit ihrem schönen Ausblick ins Wesertal. Am Luhdener Klippenturm haben Sie bei gutem Wetter einen hervorragenden Rundumblick und bei jedem Wetter eine Möglichkeit zum Einkehren.

↻   Start/Ziel: Parkplatz hinter dem Hotel Waldkater, Waldkaterallee 27, 31737 Rinteln, GPS N 52°12.557' E 009°4.907'

➲   9,5 km

⧗   3 Std.

↑ ↓   455 m/455 m

⇧   112-303 m

✎   RI1 (km 0,3- km 4,15), RI3 (km 4,15-km 7,35), RI2 (km 7,35-km 9,5). Alle drei Markierungen zeigen eine große blaue Zahl auf gelbem Grund sowie ein kleines RI.

✕   Hotel Waldkater (km 0 und km 9,5), Luhdener Klippenturm (5,15)

⼤   Bänke und Tische (km 0,8), Unterstand bei der Frankenburg (km 3,1) und am Vorbergsplatz (km 4,15 und km 7,35), schöne Bänke und Tisch kurz hinter dem Klippenturm (km 5,15)

👫   Burggelände und Aussichtsturm bieten etwas Abwechslung

🚫   nicht für Buggys geeignet

🐕   für Hunde geeignet, aber Leinenzwang wegen Naturschutzgebiet

🅿   Parkplatz hinter dem Hotel Waldkater, Waldkaterallee 27, 31737 Rinteln, GPS N 52°12.557' E 009°4.907', Wanderparkplatz Frankenburg, Unter der Frankenburg 28, Rinteln, GPS N 52°12.652' E 009°4.337'

🚉   Der Bahnhof Rinteln liegt ca. 1,7 km vom Start- und Zielpunkt entfernt.

🚌   Die Bushaltestelle Rinteln Kreiskrankenhaus (Bus 2025; 💻 www.svg-schaumburg.de) in der Virchowstraße ist ca. 1,2 km vom Start- und Zielpunkt entfernt.

Der Ausgangspunkt für diese Wanderung ist der Waldparkplatz (km 0) am Hotel Waldkater.

✕ **Hotel Waldkater**, Waldkaterallee 27, 31737 Rinteln, ☏ 057 51/179 80,
  📧 info@waldkater.com, 🖥 www.waldkater.com, 🕘 Mo-So 12:00-23:00, Küche
  12:00-14:30 und 18:00-22:00. Für abends und sonntagmittags wird eine Tischreser-
  vierung empfohlen.

Vom Parkplatz aus folgen Sie einem Wegweiser, der den Hang hinauf
zum Parkplatz Frankenburg zeigt. Auf einem Fußweg wandern Sie durch
Buchenhochwald bis zu einer Kreuzung (km 0,3), an der Sie nach links
zum Parkplatz Frankenburg abbiegen.

✎ Ab hier wandern Sie bis km 4,15 auf dem RI1.

Kurz nach den zwei Bänken an dem Gedenkstein für Richard Zumwin-
kel haben Sie einen schönen Blick über Rinteln. Sie gehen geradeaus weiter auf dem Teerweg Unter der Frankenburg, stoßen an einem Spielplatz
(km 0,7) auf einen größeren Weg und wandern darauf geradeaus weiter

Wanderin in der Frankenburg

Richtung Hünenburg. Sie passieren den Wanderparkplatz Todenmann und biegen von der Teerstraße nach rechts auf einen Fußweg ab. Kurz hinter der Abzweigung finden Sie einen ⊼ Tisch mit Bänken mit schönem Blick ins Wesertal (km 0,8).

Auf einem Fußweg spazieren Sie durch Buchenhochwald und erreichen nach ca. 50 m einen Waldweg, auf dem Sie nach rechts leicht berghoch gehen müssen. 100 m weiter hängt an einer abgestorbenen Buche auf der linken Wegseite ein Schild, dass Sie vom Waldweg nach halb rechts auf einen Fußweg dirigiert. Sie folgen dem Fußweg, bis Sie auf den Weser-berglandweg (Position 0130) stoßen (km 1,9). Hier müssen Sie nach rechts weiter Richtung Frankenburg (1,3 km), Luhdener Klippenturm (2,9 km) und Rinteln (4,1 km).

Immer geradeaus auf dem schönen Wesergebirgs-Kammweg erreichen Sie die 2008 erbaute ⊼ Schutzhütte bei der Frankenburg ❶ (km 3,1). An einem kleinen Stichweg nach rechts liegen die Wallanlagen und das alte Burggelände.

Frankenburg

Die Frankenburg, die auch Hünenburg genannt wird, ist eine kleine Höhen-burg aus dem 11. bis 12. Jh. Zu sehen sind Reste der Wallanlagen und eini-ge Mauern (📷 ☜ Seite 49), die die Lage einer Kirche, eines Turms und des Palas anzeigen. Die heute bis zu hüfthohen Mauern wurden in neuerer Zeit restauriert, um sie gegen weiteren Verfall zu schützen. Anfang des 19. Jh. sollen sie noch mehrere Meter hoch gewesen sein. Trotzdem sind sie ganz beeindruckend, weil der mit so dicken Mauern umbaute Raum absurd klein erscheint. Die Burg war definitiv nicht dazu gebaut worden, den Bewohnern ein schönes Leben zu ermöglichen. Wahrscheinlich sollte sie den Pass zwischen der Weser im Süden und der Großen Aue im Norden sichern.

Der Weg führt weiter geradeaus Richtung Luhdener Klippenturm. Bei km 3,9 kommt von links hinten ein Weg dazu, es geht hier aber geradeaus weiter und Sie erreichen den Vorbergsplatz ❷ (km 4,15).

✎   Ab hier folgen Sie nicht mehr dem RI1, sondern dem RI3.

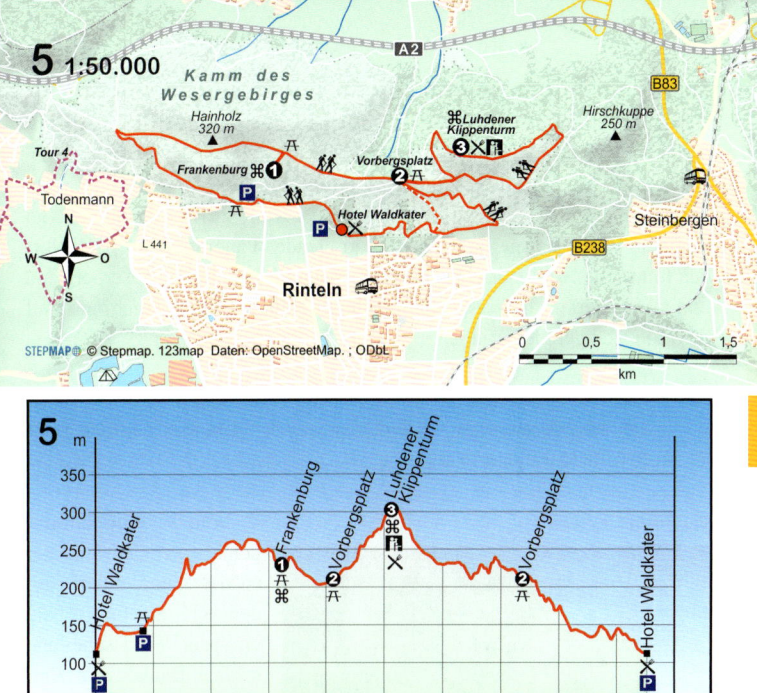

Der Wanderweg führt direkt an einem ⊼ Unterstand entlang leicht berghoch. Er ist hier auch als Weserberglandweg und E11 gekennzeichnet. Nach gut 250 m biegt der Weserberglandweg nach links ab und führt steil bergauf. Sie können hier hinaufkraxeln und stoßen dann nach 70 m auf einen Waldweg, dem Sie nach links folgen. Wenn Sie es nicht so steil mögen, dann gehen Sie auf dem RI3 noch 120 m geradeaus. Sie stoßen dann auf denselben Waldweg, der Sie ebenfalls nach links zum Luhdener Klippenturm führt. Diesem Waldweg können Sie bis zum Luhdener Klippenturm ❸ (km 5,15) folgen.

Sie können aber auch kurz vor einer Abzweigung, die nach links bergab führt, nach rechts auf einen Fußpfad zum 🏠 Klippenturm abbiegen.

Luhdener Klippenturm

Der Klippenturm, je nach örtlicher Vorliebe Luhdener oder Rintelner Klippenturm genannt, wurde 1889 durch den Rintelner Verschönerungsverein mit den Mitteln einer Turmbau-Lotterie erbaut. Der Turm ist 19,8 m hoch, bis zu seiner Aussichtsplattform müssen sie 103 Stufen erklimmen. Bei schönem Wetter haben Sie einen hervorragenden Panoramablick nach Norden hin in die Norddeutsche Tiefebene, nach Süden hin ins Weserbergland und von Osten nach Westen zieht sich der Kamm des Wesergebirges, auf dem Sie sich gerade befinden.

✕   **Klippenturm Gaststätte**, „Mitten auf dem Berg", 31737 Rinteln, ☏ 057 51/144 88, ✉ info@klippenturm.de, 🖥 www.klippenturm.de, 🕙 Mi-Fr 11:00-18:00, Sa-So 10:00-18:00 und nach Vereinbarung

Neue Kraft tanken

Vom Klippenturm geht es geradeaus weiter an der Kante entlang auf dem RI3. Sie finden bald ein paar 🍴 Tische und schöne Bänke zum Entspannen und wandern auf einem Fußweg auf dem Kamm entlang weiter. Bei einer steinernen Bank (km 5,4) ist der Ausblick leider zugewachsen. 600 m weiter gehen Sie an einer Kreuzung rechts (= RI3; nicht dem Weserberglandweg folgen!). Sie kommen an die bekannte Stelle (km 6,95), an der Sie auf den Waldweg nach links zum Luhdener Klippenturm abgebogen sind. Diesmal gehen Sie geradeaus und erreichen wieder den Vorbergplatz (km 7,35).

✎   Ab hier nehmen Sie bitte den RI2, nicht mehr den RI3!

Genau hinter der Hütte führt der RI2 nach links Richtung Grafensteiner Höhe und Steinbergen.

Luhdener Klippenturm

Blick vom Luhdener Klippenturm

☞   Wenn Sie 1,5 km abkürzen möchten, dann nehmen Sie den zweiten Weg von links, der etwas steiler bergab Richtung Parkplatz Waldkater führt.

Auf dem RI2 gehen Sie auf einem Waldweg leicht bergab bis zu einer Kreuzung (km 8,2), an der Sie nach rechts (fast wieder zurück) abbiegen. Sie passieren das Bremer Schullandheim (km 8,4) und nehmen 200 m weiter den Waldweg halb rechts (= RI2).

An der Kreuzung kurz hinter der Schießsportanlage Rinteln biegen Sie rechts ab (km 8,9). Sie folgen diesem Weg, nehmen bei km 9,3 den gepflasterten Weg geradeaus und erreichen wieder den Waldparkplatz am Hotel Waldkater (km 9,5).

❻ Drei Burgen   ⌘ 🏛 ✕ 🏠

Für Natur- und Kulturfreunde   👪 👪 🐕 🐕

Der Name Drei Burgen ist etwas übertrieben, denn eigentlich ist nur die dritte Burg, die Schaumburg, wirklich eine Burg. Die erste, die Paschenburg, ist ein Forsthaus und Restaurant, die zweite, die Osterburg, ist heute nur noch ein Bodendenkmal. Aber trotzdem ist diese mittelschwere Wanderung sehr empfehlenswert, vor allem durch die vielen bezaubernden Ausblicke ins tief unten gelegene Wesertal.

↻   Start/Ziel Wanderparkplatz Schneegrund an der L434 nördlich von Rohdental, GPS N 52°12.290' E 009°14.808'

➲   14 km

⧖   4 Std. 30 Min.

↑↓   640 m/640 m

⇧   132-338 m

✎   gelbes Schild mit der Aufschrift „RI 5"

✕   Paschenburg (km 3,5), Schaumburg (km 9,5)

🏛   viele Bänke, Picknickmöglichkeiten mit Tisch und Bank beim Wanderparkplatz Springsteine (km 6,1) und bei km 10,8, Schutzhütten bei km 2,2, km 4,2 und km 6,1 (Wanderparkplatz Springsteine)

👪   für geländegängige Kinder interessant wegen der Schaumburg, für Stubenhocker zu schwierig

🐎   ungeeignet wegen vieler Fußpfade und steiler Abschnitte

🐕   guter Untergrund, streckenweise Leinenzwang (km 2,2-km 6,25 und km 10,7-km 11,9 im NSG Kamm des Wesergebirges), Wasser bei den Einkehrmöglichkeiten

WC   Paschenburg (km 3,5), Schaumburg (km 9,5)

🅿   Parkplatz an der Paschenburg, Paschenburg 1, Rinteln, GPS N 52°12.260' E 009° 12.310', Parkplatz an der Schaumburg, Burgstraße 2, Rinteln, GPS N 52°12.118' E 009°12.118', Wanderparkplatz Springsteine, Osterburgstraße, Rinteln, GPS N 52° 12.802' E 009°10.400'), Wanderparkplatz Deckbergen, Osterburgstraße, Rinteln, GPS N 52°12.496' E 009°10.297'

🚌   Die Bushaltestelle Rohdental (Linie 27) ist ca. 550 m vom Start- und Zielpunkt entfernt (🖳 www.oeffis.de).

Diese mittelschwere Rundwanderung ist gekennzeichnet durch ein gelbes Schild mit der blauen Aufschrift „RI 5". Start- und Zielpunkt ist der Wanderparkplatz Schneegrund an der Straße zwischen Rehren und Rohdental.

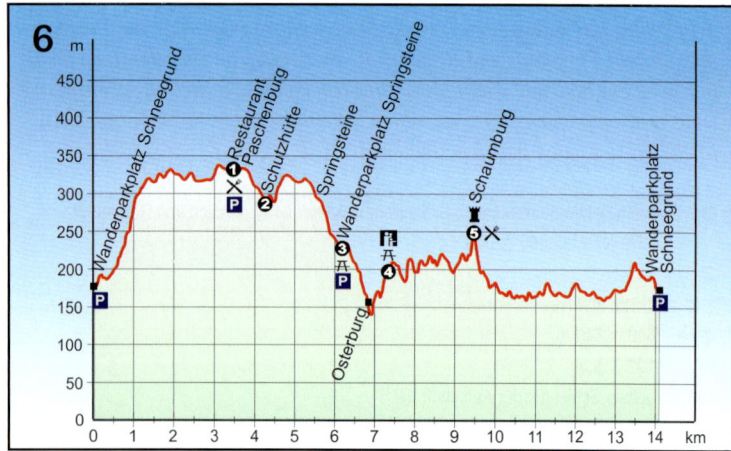

Am bergauf gelegenen Ende des Parkplatzes (km 0) folgen Sie dem Wegweiser zur Paschenburg. Kurz darauf nehmen Sie den Schotterweg links bergauf. So richtig bergauf kraxeln Sie dann, nachdem Sie – kurz vor einer Straße – nach rechts auf einen Pfad abgebogen sind (km 0,6). Der Pfad führt auf den Kamm hinauf, am Ende unterstützt durch Treppenstufen.

Oben angekommen wenden Sie sich nach links. Sie können die Mühe des Aufstiegs genießen und wandern immer geradeaus auf einem schönen Kammweg entlang. Sie betreten ein Wasserschutzgebiet (km 2,05) und passieren die 🌲 Schutzhütte Egge (km 2,2). Wenn Sie im Frühjahr hier sind, erfüllt der Knoblauchduft des Bärlauchs die Luft (☞ Bärlauch, S. 113). Immer weiter auf dem Kammweg erreichen Sie die Paschenburg ❶ (km 3,5).

✕   **Restaurant Paschenburg**, Paschenburg 1, Rinteln, ☎ 051 52/25 47,
     📧 info@restaurant-paschenburg.de, 🖥 www.restaurant-paschenburg.de, 🗓 Mi-So
     12:00-21:30, Küche bis 21:00, Kuchenzeit 14:30-17:00

Paschenburg

Die Paschenburg ist eigentlich gar keine Burg, sondern ein ehemaliges Forsthaus. Sie wurde erst 1842 vom Revierförster Karl Kaysers erbaut. Er erträumte sich wohl ein kleines Schloss, so wie König Ludwig II., der den Bau seines Neuschwanstein 1869 begann. Heute ist die Paschenburg ein Restaurant. Direkt neben dem Gebäude steht ein kleiner Aussichtsturm, der schon 1827 erbaut wurde. Von ihm aus haben Sie einen herrlichen 🔭 Blick ins Wesertal.

Auf dem Kammweg kurz hinter dem Aussichtsturm finden Sie eine Wichtelfrau an einem Baum und eine Infotafel zu der lokalen Wichtelsage.

Die Rache der Wichtelfrau

Von der Sage gibt es verschiedene Variationen. In allen aber geht es um die Liebe einer schönen Wichtelfrau, die unterhalb der Paschenburg, je nach Erzähler in einem tiefen Felsspalt oder in einer Höhle namens Meumken-Loch wohnte. Einer der letzten Grafen von Schaumburg war in dieses hübsche kleine Fräulein verliebt und besuchte sie oft. Aber seine Frau war unfroh über sein häufiges Verschwinden, folgte ihm und entdeckte ihn schließlich in seligem Schlaf am Busen seiner Geliebten. Etwas verärgert, aber ohne sofort eine Szene zu machen, schnitt die Gräfin dem

Wichtelfräulein einige goldene Locken ab, die sie ihrem sauberen Gemahl einige Tage später präsentierte. Peinlich berührt und schamesrot schwor der Graf seiner Frau die Treue. Das hatte er zwar schon einmal erfolglos bei der Eheschließung getan, aber diesmal hielt er sich daran. Hätte er es bloß nicht getan. Denn das verlassene Wichtelweibchen verfluchte die Schaumburger, auf dass sie keine Erben mehr hätten und ihr Land an fremde Leute fallen müsse.

Und tatsächlich, so verkündet die Infotafel, wurde die Grafschaft Schaumburg im 17. Jahrhundert aufgeteilt. Nutznießer des Wichtelinnenfluchs waren die Häuser Braunschweig-Lüneburg, Hessen-Kassel und die Grafen zur Lippe (☞ Schaumburg, S. 60).

Blick ins Wesertal

Weiter geht es auf dem Kamm entlang. Sie passieren eine ⛫ Schutzhütte ❷ (km 4,2) und stoßen kurz darauf auf eine Straße, die nach Borstel und Eckbergen führt. Hier folgen Sie dem RI 5 nach links Richtung Schaumburg und nehmen am Ende des Hohlweges rechts die Treppe (km 4,4) hinauf Richtung Steinbergen/Kammweg.

✑   Wenn Sie abkürzen möchten, haben Sie hier die Gelegenheit dazu. Sie können auf der Straße weiter zur Schaumburg gehen oder den oberhalb der Straße verlaufenden Wichtelsteig nehmen. Nach 600 m und kurz vor der Schaumburg stoßen Sie dann wieder auf den RI 5 (km 9,5).

Die Treppe und der Pfad bringen Sie zurück auf den Kammweg und zu den Springsteinen (km 5,6), die aus Korallenoolith bestehen (☞ Korallenoolith, S. 101).

NSG Kamm des Wesergebirges

Sie befinden sich gerade im Naturschutzgebiet Kamm des Wesergebirges und gleichzeitig im Flora-Fauna-Habitat-Gebiet 112 Süntel, Wesergebirge, Deister. Dieses Gebiet ist u. a. wegen seiner Kalkfelsen mit ihrer Felsspaltenvegetation und seiner nicht touristisch erschlossenen Höhlen, die seltene Tiere, wie z. B. Fledermäuse, und Pflanzen beheimaten, geschützt.

Hinter den Springsteinen führt der Pfad ziemlich steil bergab und Sie stoßen geradeaus bei einer Straße ❸ (km 6,1) auf den 🅿 Wanderparkplatz Springsteine, der sich als ⛫ Picknickplatz eignet und einen Unterstand bietet.

Hinter der Infotafel „Wanderparkplatz Springsteine", noch vor der Straße, biegen Sie nach links Richtung Osterburg und Deckbergen ab. Sie finden noch einmal eine Infotafel zu den Springsteinen (km 6,25) und nehmen an der Gabelung den nach rechts unten verlaufenden Weg. Diesem Weg, der in etwa parallel zur Osterburgstraße verläuft, folgen Sie, bis Sie auf die Osterburgstraße treffen.

Osterburg

Urkundlich erwähnt wurde die Osterburg erstmals im Jahre 1121. Sie soll den damaligen Urkunden zufolge den Schwestern und Stiftsdamen

Rasmonda und Bertheide gehört haben. Die Burg bewachte den Pass über das Wesergebirge, über den heute die Kreisstraße mit ihrem Wanderparkplatz führt.

Wahrscheinlich gehörte die Burg zum Einflussbereich des wenig erfolgreichen Grafen Konrad I. von Roden (?-ca. 1200), dessen Burgen in diesem Gebiet am Ende des 12. Jahrhunderts zerstört wurden, weil er sich in einem größeren Kontext auf die falsche Seite geschlagen hatte (☞ Hünenburg bei Hohenrode, S. 68 und Rodenburg, S. 97).

Wenn Sie auf die Osterburgstraße treffen, dann folgen Sie ihr ca. 100 m nach links und gehen dann wieder links. Sie erreichen an der Straße Auf der Bulte den Wanderparkplatz Deckbergen kurz hinter einem Haus (km 6,9), marschieren den geteerten Weg leicht bergauf und links am Haus mit der Nr. 22 vorbei. Sie folgen dem feingeschotterten Weg bergauf und erreichen eine Bank mit einem tollen Ausblick ❹ (km 7,4). Hier haben Sie einen schönen 🖼 Blick ins Wesertal über Schaumburg hinweg.

Sie folgen dem Weg mehr oder weniger hangparallel, bis ein Sackgassenschild Ihren Vorwärtsdrang geradeaus stoppt (km 8,65). An dieser Stelle müssen Sie den Fußweg steil nach links hinauf Richtung Schaumburg nehmen. An der Bank vom Heimatverein Schaumburg können Sie sich etwas ausruhen, dann wandern Sie den Fußweg nach rechts und an der Teerstraße nach links (km 8,8). Rechts liegt dann eine Wiese und nach ein paar Schritten kommt die Schaumburg in Sicht.

Im Ort gelangen Sie über die Straßen In den Klippen, Unterer Weg und Burgstraße zur Schaumburg.

Schaumburg

Die Schaumburg, früher einmal Schauenburg genannt, ist ein lohnendes Ausflugsziel für die ganze Familie. Sie finden alte Mauern und Türme, eine Blutlinde, Inschriftensteine, sehen das düstere Burggefängnis und genießen – neben den kulinarischen Angeboten der Gaststätten – einen herrlichen Blick von der Spitze des 30 m hohen Georgsturms.

„Die Schaumburg ist die fast 1.000 Jahre alte Stammburg der Grafen von Holstein und Schaumburg und der heutigen Fürsten zu Schaumburg-Lippe. Sie war namensgebend für das Schaumburger Land, dessen Wahr-

Blick auf die Schaumburg

zeichen die Burg seit über 900 Jahren darstellt." So beginnt die Internetseite der Burggaststätte. In der notwendigen Kürze geht verloren (was Sie bereits aus dem Kapitel über die Wichtelfrau wissen, ☞ Die Rache der Wichtelfrau, S. 57), dass die Hauptlinie der Schaumburger mit Graf Otto V. (1614-1640) ausstarb (wahrscheinlich wurde er bei einem Bankett im Dreißigjährigen Krieg vergiftet). Einen Teil der Grafschaft erbte sein Onkel, Graf Philipp I. zur Lippe-Alverdissen (1601-1681), der damit zum Grafen zu Schaumburg-Lippe wurde.

Die ehemalige Grafschaft entspricht heute ungefähr dem Landkreis Schaumburg, der 1974 bei einer Kreisreform aus den Landkreisen Schaumburg-Lippe, Grafschaft Schaumburg und einem Teil des Landkreises Springe entstand.

Die Burg selbst fiel aber an die Hessen, die sie 1866 an die Preußen abgeben mussten. Zum Glück schenkte der preußische König und deutsche Kaiser Wilhelm II. (1859-1941) die Burg 1907 seinem Schwager Georg zu Schaumburg-Lippe (1846-1911) zur Silbernen Hochzeit, sodass die Burg nach 260 Jahren wieder zurück an die Schaumburger ging.

Auf dem Parkplatz vor der Burg finden Sie eine imposante, 500 bis 600 Jahre alte Linde mit einem Stammumfang von ca. 8 m, die Blutlinde genannt wird. Sie wurde der Sage nach von einer Frau gepflanzt, die in einem Hexenprozess zum Tode verurteilt worden war. Um ihre Unschuld zu beweisen, steckte sie einen Lindensteckling in den Boden und prophezeite: „Wenn dieses Lindenreis anwächst, bin ich unschuldig." Dieses Lindenreis wuchs über die Jahrhunderte zur heutigen Blutlinde heran, die damit beweist, leider erst post mortem, dass diese Frau definitiv keine Hexe war. Und wer weiß, vielleicht ist die Geschichte wahr, denn die meisten Hexenverbrennungen fanden zwischen 1450 und 1750 statt, was zum Baumalter passen könnte.

✕ **Hotel/Restaurant Schaumburger Ritter**, Burgstraße 2-4, Rinteln, ☎ 051 52/94 74 60, ✉ kontakt@schaumburger-ritter.com, 🖥 www.schaumburger-ritter.com, 🗓 tgl. ab 12:00

✕ **Burggaststätte Schaumburg**, Burgstraße 1, Rinteln, ☎ 051 52/37 65, 🖥 www.burggaststätte-schaumburg.de, 🗓 Mitte Feb-Ende März Sa-So 12:00-17:00, Apr-Okt Fr-Mi 11:00-18:00, Nov-Dez Sa-So 12:00-17:00, bei größeren Veranstaltungen geschlossen, Außengelände der Burg und der 30 m hohe Georgsturm jederzeit zugänglich

Buchenwaldboden

Am Wanderparkplatz kurz vor der Schaumburg nehmen Sie den Wichtelsteig nach rechts bergab ❺ (km 9,5). Durch Serpentinen wandern Sie auf einem Fußweg durch Bärlauch bergab, bis ein weiterer Fußweg scharf links abbiegt (km 9,65). Sie folgen diesem, der zu einem zerfahrenen Waldweg wird, oberhalb von Häusern. Sie passieren geradeaus einen Hochsitz (km 10,35), einen Holzabladeplatz (km 10,55) und biegen auf eine Teerstraße (km 10,7) nach

Blick ins Wesertal Richtung Hessisch Oldendorf

rechts ein. Nach 100 m zweigt in einer Rechtskurve des Teerweges ein Waldweg nach links Richtung Rohden ab, dem sie folgen. Hier finden Sie auch einen ⊼ Tisch und eine Bank.

In einer Rechtskurve des Weges (km 11,3) finden Sie bei einer Bank eine Tafel mit zwei Liedern („Die Gedanken sind frei" und „Alle Vögel sind schon da"). Gut 100 m dahinter biegen Sie vom Waldweg nach rechts auf einen Fußweg ab, der Ihnen am Waldrand entlang schöne Ausblicke beschert.

Bei einer Bank (km 11,9) verlassen Sie den Landkreis Schaumburg (und die ehemalige Grafschaft Schaumburg) und spazieren geradeaus nach Hameln-Pyrmont hinein. Immer weiter geradeaus am Waldrand entlang verlassen Sie das Wasserschutzgebiet (km 12,1) und bleiben immer am oder in der Nähe des Waldrandes bis kurz vor Rohdental.

Am Ortsrand stoßen Sie auf eine Teerstraße (Auf der Heide), der Sie links hinauf folgen (km 13,3). Am Ende (km 13,5) nehmen Sie den Weg nach rechts und stoßen kurz darauf auf die Stelle, an der Sie den steilen Fußweg hinaufgestiegen sind (siehe km 0,6). Jetzt brauchen Sie nur noch dem Waldweg weiter bis zum Parkplatz (km 14) folgen.

❼ Hünenburg ⌘ ⼛

Für Naturliebhaber 👫👭 🐕 🐕

*Auf dieser kleinen Wanderung im Landschaftsschutzgebiet Lipper Berg-
land genießen Sie einige Ausblicke ins Wesertal, die im Mai zur Rapsblüte
besonders schön sind. Außerdem steigen Sie auf den Berg Hünenburg und
können auf dessen Plateau die Überreste (Wälle und Gräben, einige Mauerreste) einer mittelalterlichen Burg besichtigen.*

↻   Start/Ziel: Wanderparkplatz Hünenburgstraße, Rinteln-Hohenrode (am südlichen
    Ortsrand von Hohenrode), GPS N 52°9.943' E 009°9.097'

➲   6,6 km

⧗   2 Std.

↑↓ 340 m/340 m

⇧   115-244 m

✎   RI13 (blaue 13 auf gelbem Grund)

✗   keine Einkehrmöglichkeiten

⼛   Sitzbänke, Unterstand (km 5,3)

👫 kurzer Weg mit alter Burganlage

🛒 nur anfangs für Wanderer mit Kinderwagen machbar, am Ende schmale Pfade und
    dadurch ungeeignet

🐕 am Wanderparkplatz und auf dem Weg Trinkmöglichkeiten

🅿 Wanderparkplatz Hünenburgstraße, Rinteln-Hohenrode (am südlichen Ortsrand von
    Hohenrode), GPS N 52°9.943' E 009°9.097'

🚌 Die Bushaltestelle Rinteln-Hohenrode ist ca. 1,1 km vom Start- und Zielpunkt entfernt
    (Linie 2024, 💻 www.svg-schaumburg.de).

Vom Wanderparkplatz Hünenburg aus gehen Sie talaufwärts an den zwei
Hütten vorbei. Eine der Hütten ist eine Toilette, die aber meist verschlossen
ist. Rechts fließt ein kleiner Bach, dahinter liegt eine Wiese.

Nach gut 200 m erreichen Sie die erste Wegmarkierung des RI13, eine
blaue 13 auf gelbem Grund, die Sie nach links hinten bergauf schickt. Auf
Ihrem Weg bergauf können Sie auf der rechten Seite im Straßenanschnitt
das anstehende Gestein aus dem Mittleren Keuper (vor 233-209 Mio. Jahren) anschauen.

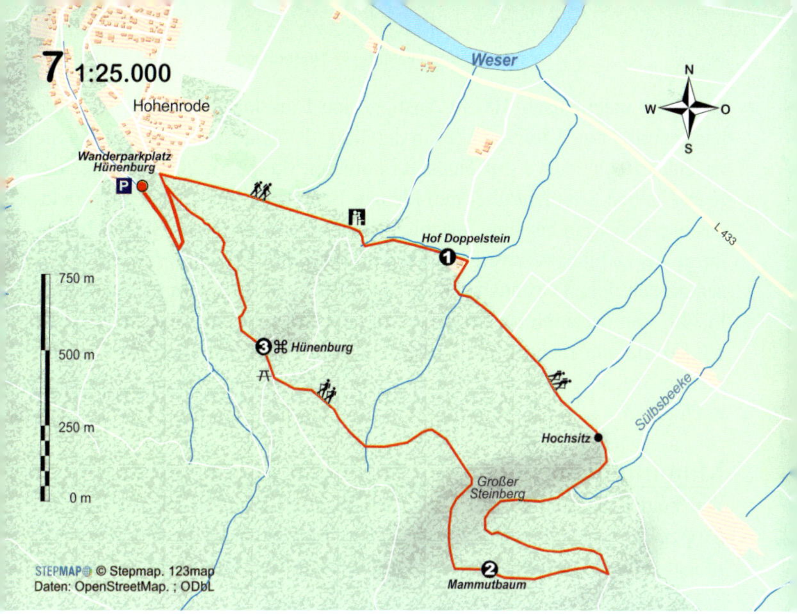

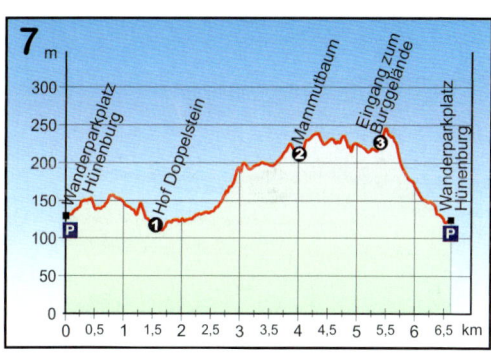

Sie erreichen 50 m vor einem Haus eine Kreuzung (km 0,5). Hier werden Sie von der Wegmarkierung nach rechts auf einem Pfad an zwei eng stehenden Bäumen vorbeigeführt. Sie stoßen auf einen Weg und wandern nach rechts ins Landschaftsschutzgebiet hinein, am Waldrand entlang. Nach links haben Sie einen wunderschönen Blick ins Wesertal.

Nach 250 m geht nach links ein Weg ab, aber Sie wandern weiter geradeaus und berghoch. Kurz vor einem Talschluss haben Sie nochmal nach links einen schönen Blick ins Wesertal (km 1,2). 100 m weiter biegen Sie an einer T-Kreuzung nach links ab und erreichen den Hof Doppelstein ❶ (km 1,6). Kurz hinter dem Haus an der Kreuzung geht es rechts weiter.

Der Weg macht nach 100 m Anstieg eine Linkskurve und Sie wandern hangparallel am Waldrand oder in der Nähe des Waldrandes weiter, bis Sie zu einer Rechtskurve mit Hochsitz kommen (km 2,5). 200 m hinter der Kurve gehen Sie nicht über den kleinen Bach nach links, sondern geradeaus weiter bergan bis zum Talschluss (km 3,05). Hier folgen Sie der Linkskurve bis zu einer Abzweigung nach rechts (km 3,55), an der es aus artenschutzrechtlichen Gründen gem. § 44 BNSG in der Zeit vom 15. November bis 30. Juni verboten ist, geradeaus zu gehen. Artenschutzrechtlich korrekt biegen Sie hier rechts ab und erreichen bald einen Mammutbaum auf der rechten Wegseite ❷ (km 4). Kurz darauf finden Sie auf der linken Wegseite noch einen.

Mammutbaum

Die beiden Riesenmammutbäume (Sequoiadendron giganteum) sind im Lipper Bergland eine echte Rarität, denn ihre Heimat ist die Sierra Nevada in Kalifornien. Man kann sie an den schmalen, spitzen Nadeln, die spiralig

in drei Reihen um den Trieb laufen, ganz gut erkennen. Der erste Baum hat mit seinen knapp 17 m schon einiges an Höhe erreicht, aber für eine Baumart, die bis zu 95 m hoch werden kann, ist er noch ein echtes Baby. Der größte Baum dieser Art und gleichzeitig der voluminöseste Baum der Welt, der General Sherman Tree, steht im Sequoia-Nationalpark in Kalifornien. Sein Alter wird auf 1.900 bis 2.500 Jahre geschätzt, sein Holzvolumen auf 1.487 m³.

Kurz hinter einer Rechtskurve (km 4,1) finden Sie zwei RI13-Schilder an einer Buche, deren morsche Bereiche mit den Spuren von Spechtattacken übersät sind. Sie bleiben auf diesem Weg, bis Sie zu einer Kreuzung mit fünf Wegen kommen (km 5,3). Sie marschieren direkt am ⛺ Unterstand vorbei und erreichen bergauf nach ca. 100 m den Eingang zum Burggelände ❸.

Blick ins Wesertal

Hünenburg bei Hohenrode

Die Burg Hohenrode wurde von Graf Konrad I. von Roden (?-ca. 1200) um 1170 erbaut. Und schon 1181 wurde sie bei einem Überraschungsangriff wieder zerstört. Am grafischen Rekonstruktionsversuch auf der Infotafel kann man erkennen, dass es sich auch nur um eine kleine, nicht sehr wehrhafte Burg gehandelt haben wird. Die Burgfläche umfasst ca. 55 x 100 m. Neben den deutlich erkennbaren Burggräben kann man nur noch wenige Mauerreste finden, da die Steine später als willkommenes Baumaterial in den umliegenden Siedlungen verwendet wurden. Große Namen aus der Zeit dieser Burg sind Friedrich Barbarossa (1122-1190) und Heinrich der Löwe (ca. 1130-1195) (☞ Rodenburg, S. 97).

Der Weg führt Sie direkt am Aufsteller zur Burg „Hünenburg bei Hohenrode" vorbei um die Burg herum. Hinter einem Burggraben folgen Sie dem Fußpfad immer auf dem Sporn entlang hinab bis zu den ersten Häusern von Hohenrode (km 6,1). Dort nehmen Sie den Weg links hinab ins Tal und gehen dann unten nach rechts zum Parkplatz am Start-/Zielpunkt (km 6,6).

Wiese im Frühling

❽ Friedrichsburg

Für Naturliebhaber

Die kleine waldbetonte Wanderung führt Sie rund um den oberen Einzugsbereich des Heßlinger Baches, der die Rodungsinsel von Friedrichsburg durchfließt und nach 6,5 km in die Weser mündet. Sie wandern dabei durch die Landschaftsschutzgebiete Lipper Bergland und Hessisch Oldendorfer Wesertal.

↻	Start/Ziel: Parkplatz zum Pfingsttor, Pfingsttorstraße 24, Rinteln, GPS N 52°8.222' E 009°9.133'
➲	7,35 km
⧖	2 Std.
↑ ↓	314 m/314 m
⇧	138-270 m
✎	RI 18 (blaue 18 auf gelbem Grund)
✗	Hotel-Restaurant Zum Pfingsttor (km 0 und km 7,35)
☰	Tische und Bänke gegenüber der Gaststätte (km 0 und km 7,35) und mit Blick auf das Wildgehege (km 0,3)
👫	keine kindertypischen Highlights, km 6,9-7,2 an einer Straße (außerorts)
🚼	nicht für Kinderwagen geeignet
🐕	keine Besonderheiten, aber nicht im Naturschutzgebiet, km 6,9-km 7,2 an einer Straße (außerorts)
🅿	Parkplatz zum Pfingsttor, Pfingsttorstraße 24, Rinteln, GPS N 52°8.222' E 009°9.133'
🚌	Die Bushaltestelle Rinteln-Friedrichswald liegt direkt am Startpunkt (Linie 2022, 🖥 www.svg-schaumburg.de).

Start und Ziel dieser kleinen Rundwanderung ist der Parkplatz zum Pfingsttor gegenüber dem Hotel Zum Pfingsttor.

✗ **Hotel-Restaurant Zum Pfingsttor**, Pfingsttorstraße 24, 31737 Rinteln, ☎ 057 54/666, ✉ info@zum-pfingsttor.de, 🖥 www.zum-pfingsttor.de, 🗓 tgl. geöffnet

Vom Parkplatz aus gehen Sie nach rechts auf einem Grasweg an der Straße entlang auf dem Wanderweg RI18 (blaue Zahl auf gelbem Schild). Rechts liegt ein Wildgehege und einige Bänke laden zum Beobachten ein.

Admiral

Nach etwa 300 m haben Sie den oberen Rand des Wildgeheges und zwei weitere ⟂ Bänke erreicht. Sie gehen geradeaus weiter auf einem Weg, der mit „Waldweg" gekennzeichnet ist, durch Buchenhochwald. Bei km 1,25 marschieren Sie um eine scharfe Linkskurve und 300 m weiter um eine Rechtskurve. Es geht auf dem Waldweg steil bergab (km 1,65) und über den Heßlinger Bach hinüber (km 1,85), der hier noch recht klein ist. Es folgt eine Rechtskurve (km 2). Sie bleiben auf dem Waldweg und erreichen kurz darauf den Waldrand ❶. Rechts liegt eine Wiese und ein schöner Ausblick. Sie befinden sich hier an der oberen Grenze der Friedrichsburger Rodungsinsel.

Landgraf Friedrich II. von Hessen-Kassel

Der Landgraf Friedrich II. von Hessen-Kassel (1720-1785), nach dem der Ort Friedrichsburg benannt wurde, ist vor allem durch seine Soldatenver-

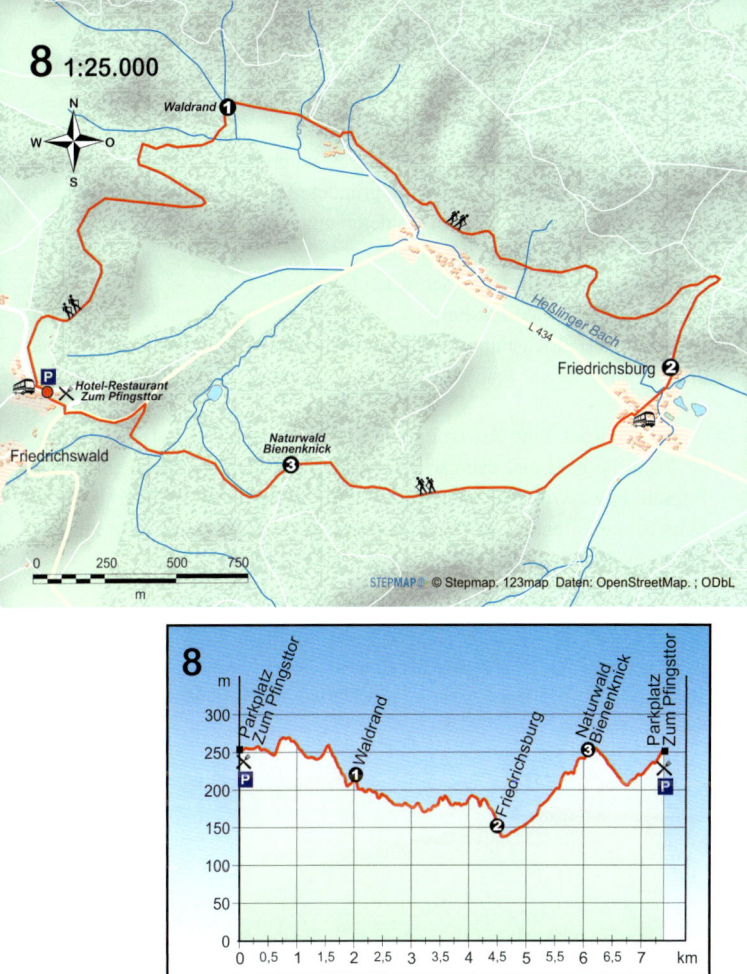

käufe bekannt. Am 15. Januar 1776 hatte er einen Vertrag mit dem britischen König geschlossen und ihm 12.000 hessische Soldaten für 30 Taler Kopfgeld vermietet, die auf britischer Seite im Amerikanischen Unabhängigkeitskrieg eingesetzt wurden. Dieses Thema wurde in dem Jahr 1972 erschienenen und 1976 verfilmten Roman „Ein Winter, der ein Sommer war" von Sandra Paretti (1935-1994) aufgegriffen.

Die Vermietung brachte viel Geld in die Staatskasse Hessen-Kassels, das der Landgraf Friedrich II. von Hessen-Kassel nutzte, um Industrie und Manufaktur in Hessen anzusiedeln und zu unterstützen. Außerdem holte er Künstler und Gelehrte nach Kassel, gründete 1777 die Akademie der Künste und baute 1779 mit dem Fridericianum das erste frei zugängliche Museum des europäischen Festlands.

In diese Ausbauzeit Hessen-Kassels – ins Jahr 1778 – fällt die Gründung des Ortes Friedrichsburg.

Da die Friedrichsburger Feldflur auch heute noch ringsum von Wald umgeben ist, spricht man von einer Rodungsinsel.

Sie erreichen eine Kreuzung von Schotterwegen (km 2,4), gehen links ca. 20 m bergauf und dann wieder rechts. Nach 500 m erreichen Sie den Beginn eines Wasserschutzgebietes und finden kurz dahinter links im Schatten eine Bank. Am Weg entlang wächst viel Wasserdost, der zur Blütezeit im Sommer sehr viele Schmetterlinge anzieht.

Blick auf Friedrichsburg

Sie folgen immer dem guten Waldweg bis zu einer Kreuzung mit mehreren Wegen (km 4,15), bei der das Wasserschutzgebiet endet. Der Wanderweg führt Sie rechts bergab weiter und zu den ersten Häusern von Friedrichsburg ❷ (km 4,5). Auf der Straße Zur alten Mühle überqueren Sie den Heßlinger Bach und erreichen an der Bushaltestelle Friedrichsdorf-Unterdorf die Friedrichsburger Straße (km 4,75). Sie überqueren diese Hauptstraße geradeaus und wandern den für Fahrzeuge gesperrten Hesseweg hinauf. Dabei passieren Sie einen linker Hand liegenden Kunstgarten und rechts riesige Baumstamm-Bänke.

Hinter dem Kunstgarten marschieren Sie rechts auf dem erst geteerten, dann feingeschotterten Weg ins Landschaftsschutzgebiet hinein und hinauf zum Wald (km 5,2). Dort gehen Sie an der Weggabel nach rechts und wandern am Waldrand entlang mit einem schönen Blick auf Friedrichsburg weiter.

Ein Farn hat es sich auf einer Buche gemütlich gemacht.

Nach 400 m betreten Sie wieder einen Hochwald. An der nächsten Weggabel (km 6,1) geht es geradeaus weiter und Sie betreten kurz darauf den Naturwald Bienenknick ❸. Nach 150 m nehmen Sie an einer Weggabel die rechte Möglichkeit bergab ins Wasserschutzgebiet hinein. In der Tiefenlinie verlassen Sie den Naturwald wieder und stoßen am Ende einer Wiese auf eine T-Kreuzung (km 6,8), an der Sie rechts abbiegen.

Nach 100 m stoßen Sie auf eine Straße, der Sie 300 m nach links folgen, bis Sie zu einer Kreuzung kommen, an der es nach rechts Richtung Rinteln geht. Hier können Sie die kleine Straße Am Bracks zum Parkplatz am Pfingsttor (km 7,35) hinaufgehen.

Klippen an der Teufelskanzel (Tour 13)

Mitte

❾ Goldbeck   ⚲ 🏠

Für Naturliebhaber   🐕 🐕 🐕

Herrliche Aussichten ins Weserbergland und Nordlippische Land bietet dieser Wanderweg, der in weitem Bogen die Ortschaft Goldbeck umrundet. Gerade im Herbst, wenn die Bäume golden leuchten und das „Gold" in dem Orts- und Bachnamen erklären, ist dieser Weg um die höchstgelegene Ortschaft des Weserberglandes besonders reizvoll.

↻   Start/Ziel: Parkplatz, Schevelsteiner Straße, Rinteln-Goldbeck, GPS N 52°6.155' E 009°9.469'

⮌   9,5 km

⏳   3 Std.

↑↓   265 m/265 m

⇧   223-378 m

✎   gelbes Schild mit blauer Aufschrift „RI 19", Extertalweg (E, km 4,85-km 6,55)

✗   keine Einkehrmöglichkeiten

⚲   Bänke mit schöner Aussicht (km 5,6 und km 5,95)

👪   keine besonderen Zerstreuungen für Kinder

🛝   ungeeignet, da einige Strecken auf Pfaden verlaufen

🐕   für Hunde sehr gut geeignet, nur einige Hundert Meter am oder im Naturschutzgebiet (km 0,35-km 0,6 Tonstich bei Goldbeck, km 7,85-km 8,65 Tiefe Sohle), kaum an befahrenen Straßen

🅿   Parkplatz, Schevelsteiner Straße, Rinteln-Goldbeck, GPS N 52°6.155' E 009°9.469'

🚌   Die Bushaltestelle Schevelstein (Linie 34, 🖥 www.oeffis.de) ist ca. 1,1 km vom Start- und Zielpunkt entfernt.

     Die mittelschwere kurze Wanderung startet an einem Parkplatz zwischen Schevelstein und Goldbeck. Vom Parkplatz kommend gehen Sie ein Stück auf der Hauptstraße nach Süden oder Richtung Schevelstein und bei der ersten Möglichkeit nach rechts (km 0,35).

     Der Weg ist auf den ersten 20 m geteert und danach feinschottrig. Sie kommen an eine Hauptstraße (die Bösingfelder Straße, die rechts nach Goldbeck führt) und überqueren diese geradeaus (km 0,95). Es geht weiter auf Feinschotter zu einer Rechtskurve. Knapp hinter dieser Kurve (km 1,25) biegen Sie nach links ab und überqueren auf einem Holzbohlen-steg ein namenloses Bächlein. Dahinter wandern Sie auf einem Fußpfad bis zu einer einspurigen Teerstraße ❶ (km 1,55), der Sie nach rechts folgen.

An der Weggabel (km 1,75) nehmen Sie die rechte Möglichkeit bergab auf einem etwas schlechteren, einspurigen Fahrweg aus Teer, passieren das Haus Buchhalsweg 1 und wandern zurück auf die Hochebene.

✍   Ein Weg geht dort nach rechts ab (km 2,05). Auf diesem Weg ver-läuft der Extertalweg, auf dem Sie immer dem Weg folgend die Siedlung Neu Goldbeck links liegen lassen können und das Goldbachtal auf der oro-graphisch linken Seite hinaufwandern. Nach 1,5 km überqueren Sie den Goldbach und erreichen 100 m weiter wieder den hier beschriebenen Weg (km 5,1).

Sie spazieren geradeaus weiter und folgen dem Weg durch eine Links-kurve. Der Schotterweg endet und läuft als Fahrspur geradeaus weiter, aber Sie nehmen den Grasweg nach rechts (km 2,5) und steuern auf das schöne

Blick zum Extertal

Fachwerkhaus halb rechts voraus zu. An diesem Haus (km 2,75) erreichen Sie einen gepflasterten Weg, dem Sie nach links am NSG vorbei in den Ort Neu Goldbeck hinein folgen.

An der T-Kreuzung (km 2,85) biegen Sie dann nach rechts und wandern am Ortsrand entlang auf der Straße Am Schneiderbrink bis zur T-Kreuzung an der Hauptstraße (km 3). Auch hier biegen Sie nach rechts ab und gehen am Ortschild vorbei in den Ort Meierberg, Ortsteil Neu Goldbeck, hinein.

Nach 400 m geht nach links der Holzbergweg ab, auf dem Sie bergab zum Goldbach spazieren ❷ (km 4). An der Weggabel hinter dem Bach geht es nach rechts auf ein Haus mit der Hausnummer 7 zu und gleich wieder links auf einem Fußpfad über Serpentinen hinauf in den Wald bis zu einer Fußpfad-Kreuzung oberhalb des Hauses Nr. 7. Hier nehmen Sie den rechten Pfad durch Fichtenhochwald und mit viel Farn im Unterwuchs. Sie stoßen auf eine kleine Sprungschanze (km 4,35), die anzeigt, dass der Weg gleichzeitig eine Downhillstrecke ist. Keine Panik also, wenn Sie etwas durch das Unterholz brechen hören. Das ist kein angeschossener Keiler, sondern nur ein Fahrradfahrer. Gehen Sie ihm trotzdem aus dem Weg, es handelt sich möglicherweise um junge Männchen im Adrenalinrausch mit hormonell verminderter Empathie für Fußgänger.

Sie passieren noch eine Schanze und stoßen schon ziemlich oben auf dem Rücken an eine T-Kreuzung mit einem Waldweg (km 4,6). Sie verlassen hier die Downhillstrecke, die geradeaus den Hang herunterkommt, nach rechts und wandern weiter durch Buchenhochwald bis zu einer Weggabel (km 4,8).

Nehmen Sie hier den nach links ganz leicht bergan führenden Weg, der mit einem E gekennzeichnet ist. Sie passieren einen Hochsitz (km 5), treffen auf die Tiefenlinie (km 5,1) und nehmen den nach links bergauf führenden, weiterhin mit E markierten Weg.

Nach ca. 100 m verlassen Sie den Wald und steigen auf einem schmalen Pfad zwischen zwei Weiden auf den Rücken hinauf (km 5,3). Dort biegen Sie nach rechts um die Ecke und wandern immer auf dem Rücken namens Jägerhals weiter bergan bis zu einer ⛩ Bank (km 5,6). Hier haben Sie einen wunderbaren 🏞 Blick über das Extertal.

Nach einer Rechtskurve (km 5,8) und einer Linkskurve (km 5,9) finden Sie noch eine weitere ⛩ Bank mit bemerkenswert schönem 🏞 Ausblick. Sie erreichen einen Sendemast (km 6,05) und finden ein Schild mit der

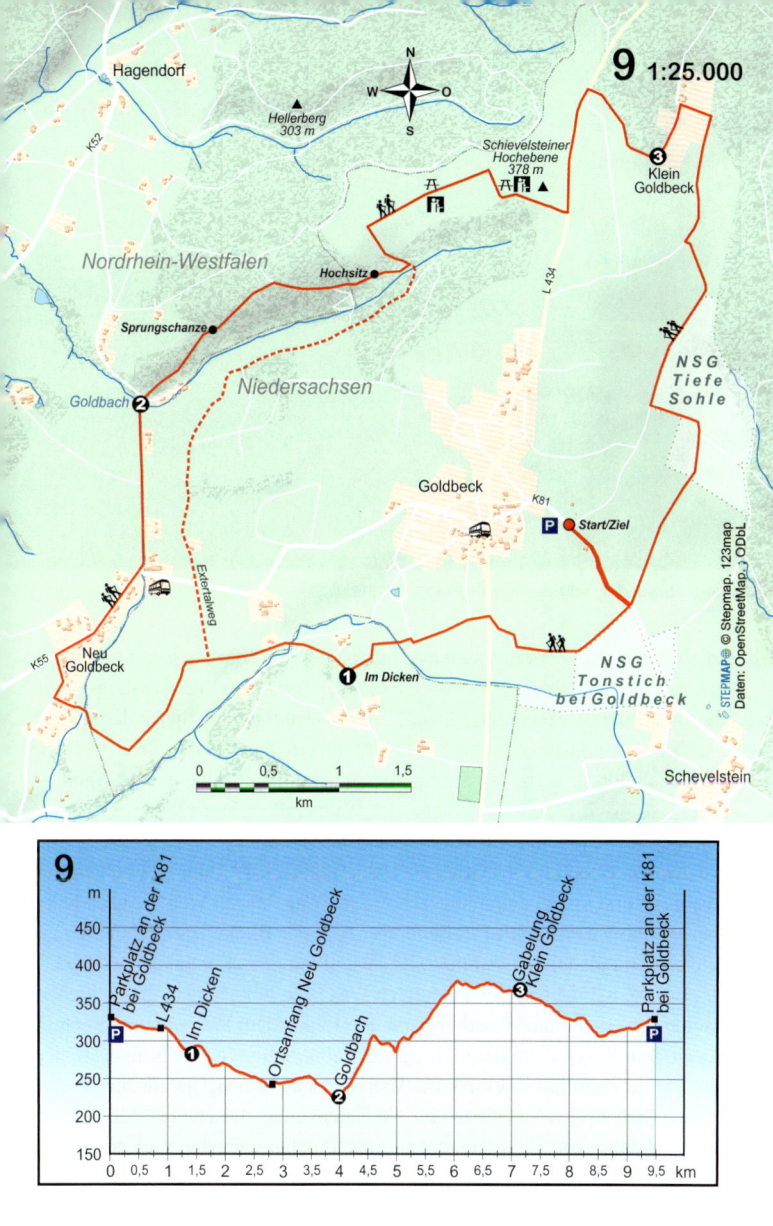

Am Rand der Schievelsteiner Hochebene

Aufschrift: „Sie befinden sich hier in Goldbeck auf der höchsten Erhebung im Landkreis Schaumburg (378,3 m über NN). Der Vermessungspunkt befindet sich ca. 50 m hinter Ihnen." 100 m weiter biegen Sie an der Hauptstraße, wo eine Infotafel über „Wandern um Goldbeck" aufklärt, nach links ab. Nach 400 m verlassen Sie die wenig befahrene Straße am **P** Wanderparkplatz nach rechts und folgen der Waldstraße, einer kleinen geteerten Straße, mit schönem ▦ Blick ins Weserbergland.

An der Gabelung im Örtchen Klein Goldbeck ❸ (km 7,1) biegen Sie rechts ab und folgen dem feingeschotterten Weg, bis ein Weg Sie nach links bergab führt. Dieser wird treffend als „Weg der Blicke" bezeichnet. Er ist gleichzeitig als Dingelstedtpfad, RI 19 und mit einem X gekennzeichnet.

Bei km 8,3 nehmen Sie erneut den Weg nach links bergab und genießen weiter die Blicke ins Weserbergland. Sie folgen dem Weg um eine Rechtskurve (km 8,45). Kurz darauf biegt ein Feinschotterweg nach links ab, der als Dingelstedtpfad markiert ist. Hier marschieren Sie geradeaus weiter. Schließlich stoßen Sie wieder auf die Hauptstraße zwischen Goldbeck und Schevelstein (km 9,15), auf der Sie nach rechts abbiegen und den Start-/Zielpunkt am Parkplatz (km 9,5) erreichen.

⑩ Schneegrund   ⌘ ⼍

Für Naturliebhaber   ♟♟♟♟ ♟♟♟♟ 🐕

Dieser einfache Wanderweg führt Sie zu einer Kalktuffquelle, zu einem Wasserfall und durch das besonders schöne und naturnahe Waldgebiet des NSG Hohenstein.

↻   Start/Ziel: Wanderparkplatz Schneegrund an der L434 nördlich von Rohdental,
    GPS N 52°12.290' E 009°14.808'

➲   7,7 km

⧖   3 Std.

↑ ↓   360 m/360 m

⇧   159-313 m

✎   gelbes Schild mit blauer Aufschrift „HO 2"

✕   keine Einkehrmöglichkeiten

⼍   mehrere Bänke, z. B. Bank mit schönem Ausblick am Ende des Aufstiegs (km 1,6)

♟♟♟♟   Kalktuffquelle und Wasserfall, außer am Parkplatz und in Langenfeld (km 3,85-
    km 4,1) keine öffentlichen Straßen, keine Klippen

🚲   mehrere schmale Pfade, daher ungeeignet

🐕   Der Weg liegt vollständig im NSG Hohenstein, daher herrscht ganzjährig Leinen-
    zwang. Ansonsten ist der Weg mit mehreren Möglichkeiten zum Trinken und gutem
    Untergrund gut für Hunde geeignet.

🅿   Wanderparkplatz Schneegrund an der L434 nördlich von Rohdental,
    GPS N 52°12.290' E 009°14.808'

🚌   Die Bushaltestelle Rohdental (Linie 27) ist ca. 550 m vom Start- und Zielpunkt ent-
    fernt (🖳 www.oeffis.de).

Start und Ziel dieser kleinen, ca. dreistündigen Wanderung, die durch ein gelbes Schild mit blauer Aufschrift „HO 2" markiert ist, ist der Wanderparkplatz Schneegrund.

Auf dem Parkplatz gehen Sie zur unteren Ausfahrt, dort über die Land-straße hinüber und nehmen geradeaus den feingeschotterten Waldweg ins Wildtierschongebiet hinein. Der Weg ist hier gleichzeitig der Weserberg-landweg und der Pilgerweg Loccum-Volkenroda.

Sie folgen diesem guten Weg, passieren nach 300 m eine Trinkwassergewinnungsanlage und nehmen 200 m dahinter an der Gabelung den rechten, etwas besseren Weg.

In einer Rechtskurve des Weges überqueren Sie den Ibornbach nahe
seiner Quelle ❶.

Sinter/Kalktuff

Die Ibornquelle und der Ibornbach werden aus Wasser gespeist, das viel
Kalk aus den umgebenden Jurakalksteinen gelöst hat. Wenn es den Untergrund verlässt und sich an der Oberfläche erwärmt, dann wird die Lösungsfähigkeit des Wassers herabgesetzt: Kalk wird am Rand oder an im Wasser
liegenden Hölzern und Blättern abgeschieden. Insgesamt bilden sich kleine
Terrassen, die hier stark vermoost und daher kaum sichtbar sind. Aber die
Moose sind kein Blickhindernis, im Gegenteil, sie gehören dazu und
fördern die Kalkausfällung ganz erheblich. Moose entziehen dem Wasser
bei der Photosynthese Kohlendioxid (CO_2). Dadurch wird das Wasser
saurer, die Lösungsfähigkeit nimmt ab und Kalk wird abgeschieden. Nach
und nach verkrusten die unteren Bereiche der Moosteppiche, sodass die
kleinen Terrassen in die Höhe wachsen.

So entsteht hier ein neues Gestein, das im porösen Zustand als Kalktuff
bezeichnet wird. Wenn die Poren durch zusätzliche Kalkablagerungen
gefüllt sind, nennt man es Sinter.

Sie können einen Stichweg am Bach hinaufgehen, um sich noch mehr
Sinter anzusehen. Die schönsten Stellen liegen aber schon nahe am Wanderweg.

Der Schneegrundweg führt am Ende der Rechtskurve auf einem etwas
schlechteren Weg nach links den Hang hinauf. Der Weg heißt Langer
Jammer, ist aber gar nicht so jammervoll, wie der Name erwarten lässt. Sie
passieren beim Aufstieg kleine Aufschlüsse im Juragestein (☞ Oberer
Jura, S. 114) und spazieren am Fuß von Klippen entlang.

In einer Linkskurve des Weges (km 1,6) liegt rechts eine 🪑 Bank mit
schönem 🖼 Ausblick, die zum Rasten einlädt, zumal der steilere Bereich
des Anstiegs jetzt hinter Ihnen liegt.

An der folgenden T-Kreuzung (km 1,75) mit einem guten, feingeschotterten Waldweg wandern Sie rechts weiter Richtung Wasserfall Langen-

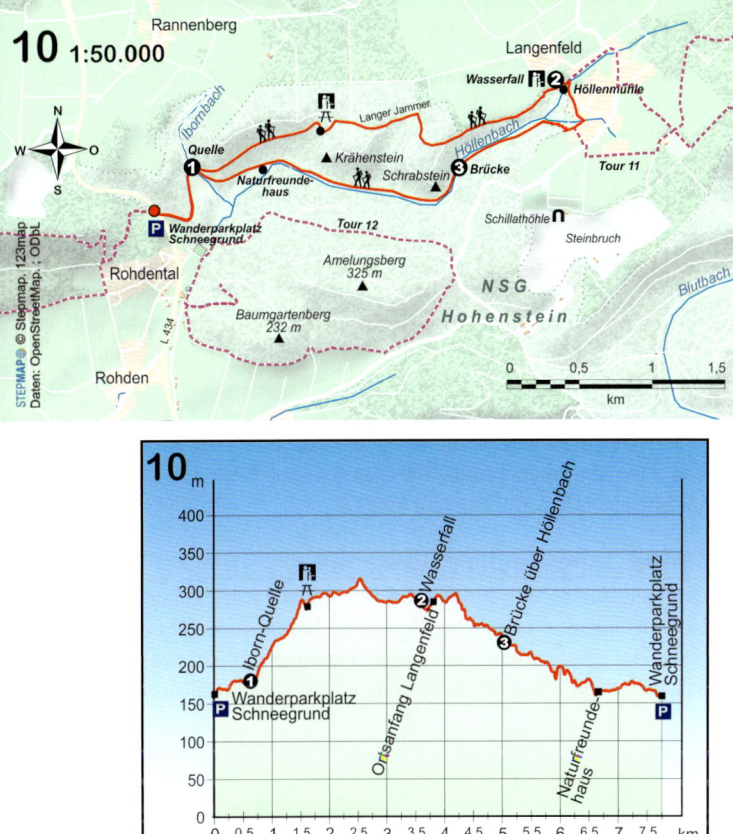

feld, immer geradeaus durch einen Buchenhochwald, bis Sie wieder an eine T-Kreuzung stoßen (km 2,35). Auch hier nehmen Sie rechts den feingeschotterten Waldweg, der Richtung Langenfeld am Naturwald Schrabstein entlangführt.

NSG Hohenstein

Das Naturschutzgebiet Hohenstein wurde nach den Hohenstein-Klippen benannt, die mit einer Höhe von 40-50 m ihrem Namen alle Ehre machen. Die Felsbereiche sind mit seltenen Pflanzen bewachsen, das reliefreiche

Waldgebiet besteht zum großen Teil aus naturnahen Buchenwaldgesell-schaften. Charakteristisch sind auch die Bäche. In der Schutzgebietsbe-schreibung des NLWKN heißt es, dass „ein Mosaik von kalkreichen, som-merkühlen, schnell fließenden Mittelgebirgsbächen mit schutzwürdigen Kalktuffquellen und Auwäldern seinen typischen, überwiegend naturnahen Charakter behalten habe."

Das waldreiche Naturschutzgebiet wird bewohnt von Uhus, Schwarz-störchen und Kolkraben. Seltene Orchideen sind die Stars in der Kraut-schicht. Und Sie besuchen zwei wichtige Naturdenkmäler, die Kalktuff-quelle des Iborn und den Großen Langenfelder Wasserfall, auf diesem Wanderweg.

Der Weg wird in der Folge zu einem Pfad, der Sie nah am Waldrand ent-lang zu einem Aussichtspunkt ❷ (km 3,6) mit Blick auf Niedersachsens höchsten natürlichen Wasserfall führt.

Großer Langenfelder Wasserfall

Der Langenfelder Wasserfall wird mit seinen 15 m Fallhöhe als Nieder-sachsens höchster natürlicher Wasserfall beworben, wobei besonders die geschickte Beschränkung auf das Wörtchen „natürlich" auffällt. Tatsäch-lich gibt es im Harz mit dem Romkerhaller Wasserfall in der Nähe der

Okertalsperre einen niedersächsischen Wasserfall, der mit seinen knapp 70 m Höhe und ausreichend Wassermenge das mickrige Langenfelder Wasserfällchen ganz deutlich in den Schatten stellt. Aber der Romkerhaller Wasserfall wurde 1863 künstlich angelegt, indem man einen Teil des Wassers der Kleinen Romke über bis dato staubtrockene Klippen in die Tiefe stürzen ließ. Und auch der Radau-Wasserfall wurde mit seinen 22 m Fallhöhe 1859 künstlich erschaffen. Auf diese Weise des Schummelns überführt bleibt den Niedersachsen als „natürlicher Wasserfall" nur das als Naturdenkmal geschützte Langenfelder Wassergetröpfel. Und zugegeben: Bei Starkregen, längerem Landregen oder nach Frostperioden ist er ganz eindrucksvoll.

Hinter dem Aussichtspunkt überqueren Sie einen Steg und gehen dann zur Höllenmühle (📷 ☞ S. 86) hinunter. Unten umrunden Sie den Mühlenteich und steigen nach Langenfeld hinauf. Dort folgen Sie der Straße Zu den Wasserfällen, die Sie durch den Ort hinunter zu einem Tälchen führt. Nach Überquerung des Baches (km 4) bleiben Sie noch 100 m auf der Teerstraße, dann gehen Sie in einer scharfen Linkskurve des Teerweges geradeaus am Waldrand entlang bis zu dem Schild „NSG Hohenstein". Passen Sie auf, dass Sie hier den Einschlupf in den Wald nicht verpassen. Ein Pfad führt Sie in den Wald und hinunter zum Bach; der Weg ist hier als Weserberglandweg gekennzeichnet.

Panorama

Höllenmühle

Ca. 30-40 m hinter dem Waldrand können Sie geradeaus zum zweithöchsten natürlichen Wasserfall Niedersachsens, dem Kleinen Langenfelder Wasserfall mit 11 m Fallhöhe, gehen. Der Wanderweg lässt den Fall aber rechts liegen und Sie steigen hier nach links und dann in Serpentinen zum Talgrund hinab. Unten am Bach (km 4,4) erreichen Sie einen Waldwegwendeplatz und wandern bachabwärts am Höllenbach entlang weiter. Auf Ihrem Weg am Bach entlang können Sie auf der linken Seite schöne Klippen sehen.

Sie erreichen bald eine Brücke mit einem außerordentlich stabilen Geländer ❸ (km 5,05). Hier wechseln Sie auf die andere Seite des Baches und marschieren weiter bachabwärts Richtung Parkplatz Schneegrund. Nach ca. 300 m wandern Sie unterhalb der Schrabsteinklippen entlang.

Sie passieren das alte Naturfreundehaus (km 6,6) und erreichen wieder den Iborn mit seinen kleinen Kalktuffterrassen (km 7,1). Von hier aus wandern Sie auf demselben Weg, den Sie auch gekommen sind, zurück zum Wanderparkplatz Schneegrund (km 7,7).

⑪ Blutbach-Langenfeld   ⌘ ⼋

Für Naturliebhaber   ⸭⸭⸭ ⸭⸭⸭ ⸭⸭⸭   🐎 🐎 🐎

Dieser Wanderweg ist nicht besonders lang, bietet aber sehr viel Abwechslung. Es geht durch dichten Buchenwald und freies Feld, Sie können einen Wasserfall, eine Quelle und eine Höhle besuchen, finden kleine Exemplare der berühmten Süntelbuchen und können sich im Frühjahr an üppigen Teppichen aus Buschwindröschen und anderen Frühjahrsblühern erfreuen.

↻   Start/Ziel: Parkplatz am Ende der Pensionsstraße, Langenfeld (Hessisch Oldendorf), GPS N 52°12.697' E 009°17.362'

➲   6,05 km

⧖   2 Std.

↑ ↓   163 m/163 m

⇧   273-346 m

✎   HO 5 (gelbes Schild mit blauer Beschriftung, km 0-km 1,55 und km 5,55-km 6,05), HO 6 (gelbes Schild mit blauer Beschriftung, km 1,55-km 4,85), km 4,85-km 5,55 ohne Wegzeichen

✗   keine Einkehrmöglichkeiten am Weg, aber Café an der Schillathöhle (Variante, ca. km 6)

⼋   Picknickplatz am Parkplatz (km 1,6 und km 4,8), einige Bänke

⸭⸭⸭   mit Wasserfall, Quelle, Höhle, Picknickplatz und moderater Länge sehr gut für Kinder geeignet

🚼   Der gesamte Weg ist wegen des Fußpfades hinter der Blutbachquelle (km 3,8) nicht für Kinderwagen geeignet. Allerdings kann man am Picknickplatz (km 1,6) abkürzen und von dort aus dem Rückweg folgen (km 4,8-km 6,05).

🐕   guter Untergrund, Wasser an der Blutbachquelle (km 3,8), nur beim Wasserfall (km 0,3) und im NSG Hohenstein (km 3,8-km 3,9) mit ganzjährigem Leinenzwang

🅿   Parkplatz am Ende der Pensionsstraße, Langenfeld (Hessisch Oldendorf), GPS N 52°12.697' E 009°17.362', Wanderparkplatz Langenfeld, Dachtelfeldstraße, Hessisch Oldendorf, GPS N 52°12.540' E 009°17.995' (km 1,6 und 4,8)

🚌   Die Bushaltestelle Langenfeld Mitte (Linie 27, 🖥 www.oeffis.de) liegt direkt am Weg und bietet sich als alternativer Einstiegspunkt an. Zum beschriebenen Start- und Zielpunkt sind es ca. 500 m.

Der kleine Wanderweg beginnt auf einem Parkplatz in Langenfeld bei einem kleinen Friedhof. Von dort aus gehen Sie einen Feinschotterweg zur Höllenmühle hinunter. Unten können Sie nach links den 1.400 m entfernten Aussichtspunkt auf den höchsten natürlichen Wasserfall Niedersachsens besuchen (☞ Großer Langenfelder Wasserfall, S. 84) (km 0,3).

Die ganz reizvoll hinter dem Mühlteich gelegene Mühle wurde 1760 erbaut und bis 1922 betrieben. Danach wurde sie in eine Pension umgewandelt, die auch heute noch besteht.

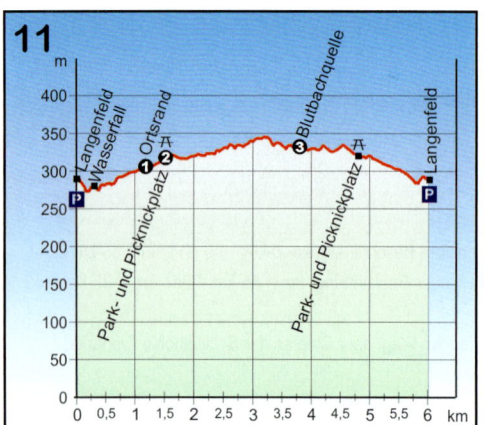

Vom Wasserfall aus wandern Sie dem Wanderweg HO 5 folgend am Mühlenteich entlang und auf einem schmalen Teerweg am kleinen Bach hinauf, der den Mühlteich speist, bis zur Einmündung in die Hauptstraße (K 85, Riesenbergstraße) (km 0,75). Sie folgen der Hauptstraße nach rechts und biegen nach ca. 250 m nach links in die Dachtelfeldstraße ab und laufen auf der Dachtelfeldstraße aus dem Ort heraus ❶ (km 1,2).

Kurz vor dem ⊼ Park- und Picknickplatz ❷ (km 1,55) biegen Sie nach links ab und wandern an einer Baumreihe entlang über Felder.

✎   Ab hier ist der Weg als HO 6 gekennzeichnet.

Wenn Sie Glück haben, können Sie im Frühjahr zusätzlich zu dem schönen Ausblick auch noch den lieblichen Duft der Rapsfelder genießen. Wenn Sie – ebenfalls im Frühling – den Wald betreten (km 2), finden Sie weite Flächen mit Buschwindröschen und Gelben Windröschen und an den Wegrändern viele Schlüsselblumen. 200 m hinter dem Waldrand biegen Sie nach rechts ab.

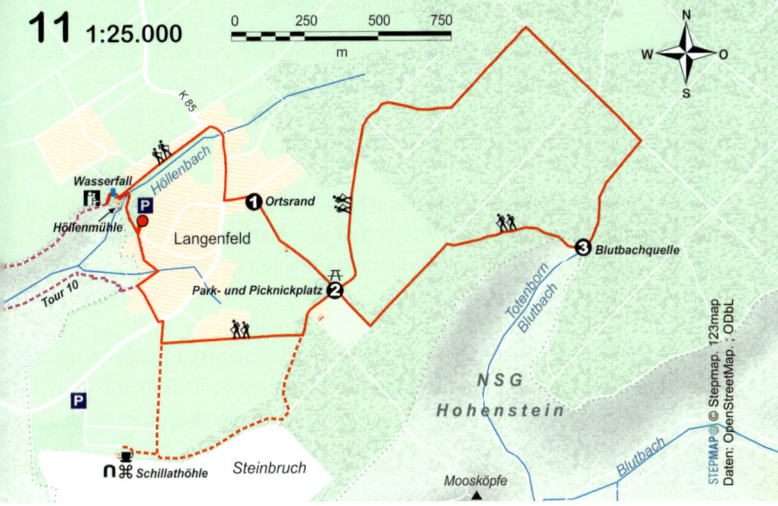

Auch an der folgenden T-Kreuzung (km 2,85) biegen Sie wieder nach rechts ab. An einer besonders dicken Buche an einer Kreuzung mit einem Teerweg geht es geradeaus weiter Richtung Blutbachquelle (km 3,15) und in der Tiefenlinie (km 3,4) folgen Sie wieder rechts dem Wegweiser Richtung Wasserfall Langenfeld.

Sie passieren einen Sandsteinbruch auf der linken Wegseite, sehen wieder (im Frühling) Hohlen Lerchensporn, Buschwindröschen und Gelbes Windröschen in Mengen und erreichen die Blutbachquelle ❸ (km 3,8).

Blutbachquelle

Die Quelle, vor der Sie stehen, wird Blutbachquelle genannt, aber den Landkarten nach handelt es sich um den Totenborn, die Quelle des Totenbornbaches, der durch das Totental zum Blutbach fließt. Der Blutbach beginnt laut Karte etwa 2,2 km OSO von hier im Wellergrund.

Auf der Internetseite 🖳 www.baxmann.de, auf der die Geschichte des Cord Baxmann (☞ Cord Baxmann, S. 104) beschrieben wird und deren Betreibern man wohl kaum mangelnde Ortskenntnis unterstellen kann, wird genau diese Quelle als Blutbachquelle beschrieben. Und der Bach durch das Totental heißt danach Blutbach, genauso wie der Bach aus dem Wellergrund.

Solche vermeintlichen Fehler in der Benennung sind nicht selten, denn regional gültige Bezeichnungen finden nicht immer Eingang in die Karten. Und so bekommt z. B. mancher Fluss entlang seines Laufes gleich mehrere Namen oder – so wie hier – zwei verschiedene Quellennamen.

Auf einem Fußpfad (mit HO 6 und HO 7 markiert) geht es weiter bergan durch einen Naturwald. Den Weg durch den Naturwald betreten Sie laut der Beschilderung auf eigene Gefahr, da entlang der Wege keine kranken Bäume entnommen werden.

Am Waldrand (km 4,3) stoßen Sie auf einen geteerten Feld-/Waldweg, dem Sie nach links Richtung Schillathöhle und Wasserfall Langenfeld folgen. Wenn Sie nicht zur Schillathöhle wollen, biegen Sie nach 400 m nach rechts ab zum **P** Parkplatz Langenfeld ❷. Dort können Sie picknicken und die hier angepflanzten Süntelbuchen besichtigen.

✎   Ab hier bis km 5,5 ist der Weg nicht durch Wegzeichen markiert.

Buschwindröschen im Buchenwald

Süntelbuchen

Die kleinen Süntelbuchen am Parkplatz zeigen bereits die typischen Merkmale: Dreh- und Krüppelwuchs, geringes Längenwachstum und sehr breite, zeltähnliche Kronen. Diese genetisch bedingte Wuchsform bezeichnete man früher auch als Hexen- oder Teufelsholz, als Krüppel- oder Schlangenbuche. Sie war gerade im Süntel besonders verbreitet und wird heute daher Süntelbuche genannt. Bis 1843 gab es auf der Westeregge, ca. 3 km NNO von diesem Standort entfernt, noch einen ganzen Wald davon. Nach der Rodung dieses kaum nutzbaren Holzes waren die Süntelbuchen sehr selten, erst nach und nach werden sie heute mit menschlicher Hilfe wieder etwas zahlreicher. Inzwischen wachsen sie in vielen Parks und Gärten, sogar in den USA. Und sie haben mit 🖳 www.suentelbuchen.de ihre eigene Webseite.

✍ Variante über Schillathöhle

Wenn Sie nicht zum Parkplatz nach rechts abbiegen, sondern weiter geradeaus dem Wanderweg HO 5 und den Wegweisern „Zur Schillathöhle" folgen, erreichen Sie nach 1,2 km die Schillathöhle. Von dort aus folgen Sie den Wegweisern Richtung Langenfeld und treffen den hier beschriebenen Weg bei km 5,5 wieder. Die Variante ist ca. 1 km länger als der beschriebene Weg.

Schillathöhle

Die Schillathöhle wurde 1992 bei Sprengarbeiten entdeckt. Sie ist Deutschlands nördlichste Tropfsteinhöhle, in der Sie viel über die Geologie dieser Gegend erfahren können.

⌘ 🚌 **Schillathöhle**, natour.NAH.zentrum Schillat-Höhle, Riesenbergstraße 2a, Hessisch Oldendorf, ☎ 057 51/40 39 80, ✍ anfrage@schillathoehle.de, 🖳 www.schillathoehle.de, 🕐 Apr-Okt Mi 14:00-18:00, Sa-So + feiertags 10:00-18:00, in den Ferienzeiten (Niedersachsen, NRW) zusätzlich Di-Fr 14:00-18:00, Nov + Feb-März Sa-So + feiertags 10:00-18:00

Wenn Sie nicht zur Schillathöhle gehen, wandern Sie hinter dem Parkplatz mit den Süntelbuchen nach links weiter auf einem geteerten Weg an einem Haus vorbei. Nachdem Sie ein kleines Wäldchen durchquert haben, laufen Sie auf ein Gehöft zu und daran vorbei. 150 m hinter der Zufahrt zum Gehöft stoßen Sie auf eine T-Kreuzung (km 5,55) mit einem Teerweg. Hier mündet die Variante über die Schillathöhle wieder ein.

          Ab hier ist der Weg wieder als HO 5 gekennzeichnet.

Sie wenden sich nach rechts und überqueren die Kreisstraße 85 (km 5,6). Sie marschieren die Straße Zu den Wasserfällen entlang, folgen hinter den Häusern nach rechts dem Teerweg, der Sie erst in eine Tiefenlinie, dann nach einer scharfen Linkskurve am Gegenhang wieder hinauf und schließlich zum Ausgangspunkt zurückführt (km 6,05).

Birkenallee am Wanderparkplatz Langenfeld

⑫ Amelungsberg ⌘ ⍍

Für Natur- und Geschichtsfreunde

Auf den ersten 500 m dieser waldbetonten Rundtour geht es steil bergan, aber danach wird es entspannter. Von den am Weg liegenden Burgruinen Amelungsburg und Rodenburg sehen Sie heute nur noch einige Gräben und Wälle, aber zumindest die Amelungsburg stand einmal (782) im Brennpunkt europäischer Geschichte. Im zweiten Teil der Wanderung spazieren Sie am Waldrand entlang und genießen den Ausblick ins Wesertal.

↻ Start/Ziel: Wanderparkplatz Waldbad Rohden, hinter dem Waldbad am Ende der Straße, GPS N 52°12.207 E 009°15.149

⤴ 6 km

⌛ 1 Std. 45 Min.

↑ ↓ 289 m/289 m

⇧ 136-263 m

✎ gelbes Schild mit blauer Aufschrift „HO 1" und blauem Richtungspfeil

✗ keine Einkehrmöglichkeiten

⍍ Sitzbänke als Möglichkeiten zum Ausruhen, Wanderparkplatz Am Vorberg mit Bank und Tisch (km 1,85)

👪 von den Burgen sind nur Bodendenkmale übriggeblieben, keine kindertypischen Zerstreuungen, aber die Eltern können vom Mittelalter erzählen, von Burgen, alten Fehden, Königen …

🚼 von km 0-km 1,85 mit Buggy begehbar, aber von km 1,85-km 6 manchmal für Buggys ungeeignete Fußpfade

🐕 einfacher Untergrund, aber auf dem gesamten Weg Leinenpflicht (NSG Hohenstein), Wasser am Ellerbach am Start/Ziel

🅿 Wanderparkplatz Waldbad Rohden, hinter dem Waldbad am Ende der Straße, GPS N 52°12.207 E 009°15.149, Wanderparkplatz Am Vorberg an der Riesenbergstraße zwischen Langenfeld und Segelhorst, GPS N 52°12.104' E 009°16.621'

🚌 Die Bushaltestelle Rohdental (Linie 27) ist ca. 450 m vom Start- und Zielpunkt entfernt (🖥 www.oeffis.de).

Der Ausgangspunkt dieser Wanderung ist der Wanderparkplatz Waldbad Rohden. Sie erreichen ihn auf einer kleinen, geteerten Straße, die für

Anlieger und Badegäste freigegeben ist. Auf dem Wanderparkplatz hinter dem Waldbad finden Sie eine kleine Unterstellhütte und ein Stückchen den feingeschotterten Weg bergauf eine Tafel mit Informationen zu dieser „Amelungsberg-Route", die durch gelbe Schilder mit blauer Aufschrift „HO 1" gekennzeichnet ist.

Die ersten 500 m geht es auf einem feingeschotterten Waldweg recht steil bergan. Kurz nach dem Steilstück führt ein Treckerweg nach links, aber Sie bleiben auf dem guten Weg, der durch eine Rechtskurve führt und jetzt nur noch leicht bergan verläuft. Auf diesem Weg wandern Sie durch Fichtenwald, der schließlich von Buchenwald abgelöst wird. An einer spitzwinkligen Kreuzung kommt der Wesergebirgsweg dazu (km 1,8) und Sie gehen nach rechts zur Straße

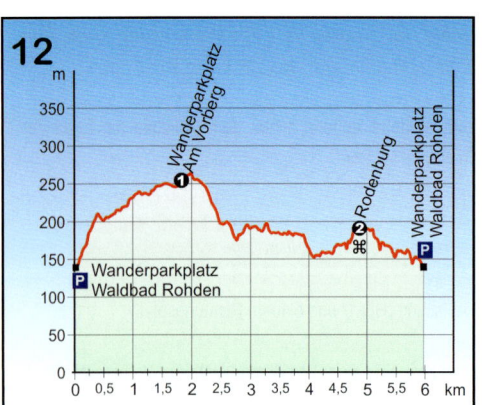

hinauf und zum Wanderparkplatz Am Vorberg ❶. Hier finden Sie eine 🕀 Picknickmöglichkeit mit Tisch und Bänken.

🐾 Abstecher zur Amelungsburg

Wenn Sie rechts vom Picknickplatz den Waldweg hinaufgehen, kommen Sie nach gut 200 m zu einer Tafel, die Sie über die Amelungsburg informiert.

Amelungsburg

Die Amelungsburg hatte ihren größten geschichtlichen Auftritt im Jahre 782, als sich die Sachsen hier versammelten und dem Heer Kaiser Karls in der Schlacht am Süntel eine Niederlage bescherten (☞ Schlacht am Süntel, S. 104). Die Höhenburg lag auf dem Amelungsberg-Plateau, das nach allen Seiten steil abfällt. Zusätzlich war sie durch Wälle und Gräben

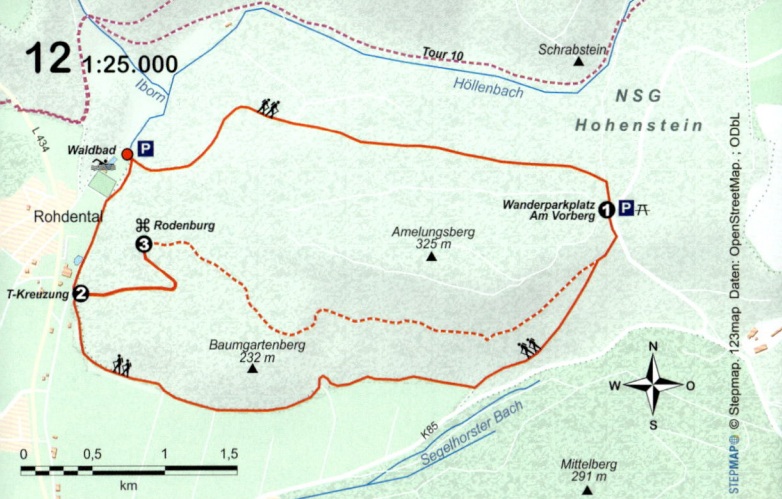

geschützt. Die Burg stammt sehr wahrscheinlich aus der jüngeren Eisenzeit, was als Speiseabfälle interpretierte Tierknochen vom Sohlenbereich des Walles beweisen. Sie wurden mit Hilfe der Radiocarbon-Methode auf das Jahr 406 v. Chr. datiert.

Die Schaumburger Zeitung & Landes-Zeitung berichtet in einem Artikel vom 9.5.2010[1] über Untersuchungsergebnisse des Bezirksarchäologen Erhardt Cosack, der das Gelände der Burg in den Jahren 2001 bis 2005 untersuchte.

Einige Funde, vor allem ein abgerissener Halsreif, ein Schmuckgürtel und eine Fußfessel, weisen demnach darauf hin, dass die hier ansässigen Germanen in der Zeit zwischen 250 und 130 v. Chr. von Kelten überfallen wurden. Die Beute könnten die Kelten bis nach Manching in Bayern verschleppt haben. Dort jedenfalls fand man einen sehr ähnlichen Schmuckgürtel, der wahrscheinlich aus einer Werkstatt in der Nähe der Amelungsburg stammt. Der Archäologe nimmt aber an, dass der Hauptteil der Beute nicht aus Schmuck, sondern aus versklavten Germanen bestanden haben wird.

Ein Glück, dass die heutigen Bayern (ein Mischvolk, das sich erst Jahrhunderte nach dem Keltenüberfall aus elb- und ostgermanischen Kleinstämmen, Kelten, Römern und verschiedensten Flüchtlingsgruppen zusammenraufte) so friedlich sind.

[1] www.szlz.de/region/hessisch-oldendorf_artikel,-von-den-kelten-als-sklaven-verschleppt-_arid,238526.html

Blick auf den Mittelberg

Der Wanderweg HO 1 führt links vom Picknickplatz weiter auf einem Fußpfad im Wald oberhalb der Landstraße. Sie stoßen auf einen Waldweg (km 2), der von der Landstraße abgeht, und folgen ihm Richtung Rohdental bis zu einer Gabelung.

Empfehlenswert ist der Weg nach links, weil Sie in der Folge am Waldrand mit schönem Blick ins Wesertal wandern.

✍ An der Gabelung könnten Sie auch geradeaus weiterwandern. Sie folgen diesem Weg ca. 1 km in etwa hangparallel und dann weitere 800 m abwärts bis zur Rodenburg, geführt von der blauen 1 auf gelbem Grund.

Nach links wandern Sie erst durch Wald bergab, bis ein mit HO 1 gekennzeichneter Weg nach rechts bergauf führt (km 2,7, ca. 100 m bevor Sie auf eine Straße stoßen). Sie spazieren nun am Waldrand entlang und genießen die Aussicht.

Der Berg ganz links mit dem steilen Hang ist der Mittelberg, davor verläuft das Tal des Segelhorster Baches, der seinem Namen gerecht wird und

im Vordergrund durch den Ort Segelhorst fließt. Im Hintergrund liegen Hessisch Oldendorf und das Wesertal. Die Weser selbst ist nicht zu sehen.

Nach ca. 1 km Waldrandweg zieht bei einer Bank ein Weg nach links unten, aber Sie marschieren geradeaus weiter, passieren den Friedhof und die Friedhofskapelle von Rohdental und erreichen eine T-Kreuzung ❷ (km 4,4).

Wegsymbol

Nach rechts hinauf erreichen Sie nach ca. 400 m die mittelalterliche Burgruine Roden ❸. Dort stoßen Sie auch von dem Alternativweg kommend wieder auf die hier beschriebene Variante.

Rodenburg

Die Rodenburg ist wesentlich jünger als die nahe gelegene Amelungsburg: Sie wurde erst zwischen 1130 und 1140 erbaut. Auf der 22 x 26 m großen Hauptburg gab es Wohn- und Wirtschaftsgebäude, die durch Umgebungsmauer, Wall und Graben, vor denen eine Vorburg lag, abgesichert war. Beide gemeinsam wurden von einem 3-5 m tiefen Ringgraben umfasst und geschützt, die Vorburg zusätzlich von einer weiteren Mauer.

Die Burg gehörte (wie die Hünenburg bei Hohenrode, ☞ Hünenburg bei Hohenrode, S. 68) den Grafen von Roden. Sie waren Gefolgsleute von Heinrich dem Löwen (ca. 1130-1195) und blieben das auch, nachdem sich Heinrich der Löwe 1176 geweigert hatte, dem römisch-deutschen Kaiser Friedrich Barbarossa (1122-1190) im Kampf gegen die aufmüpfigen Norditaliener beizustehen. Barbarossa verlor deshalb die entscheidende Schlacht bei Legnano und brachte danach wenig Sympathie für Heinrich auf. Auch die übrigen Fürsten empfanden ähnlich, was letztendlich zu Heinrichs Entmachtung und zum Exil führte. Ein schwerer strategischer Fehler der Rodener: Sie hatten auf den Verlierer gesetzt.

Die Grafen von Holstein-Schaumburg, die um 1110 die ca. 3,5 km westlich gelegene Schaumburg erbaut hatten (☞ Schaumburg, S. 60), hatten sich dagegen an den Sieger gehalten. Diesen Vorteil nutzten sie und vertrieben die Rodener 1181 von der Hünenburg und gegen Ende des Jahrhunderts auch von der Rodenburg.

Von der Burg aus gehen Sie wieder zurück und unten im Tal (km 5,45) nach rechts.

Sie passieren die letzte der einst berühmten sieben Wassermühlen, die Rohden den Titel „Dorf der sieben Mühlen" einbrachten. Die heute noch verbliebene Wassermühle produziert Strom. Danach kommen Sie an einem Wildgatter (ca. km 5,6) vorbei.

Am Ende des Holzgatters am Schild Schneegrund gehen Sie bitte nicht weiter geradeaus. Hier müssen Sie nach rechts ein sehr kurzes und sehr steiles Stück Weg hinauf. Danach führt Sie ein Waldweg am Waldbad entlang zurück zum Ausgangspunkt (km 6).

Hohler Lerchensporn (Corydalis cava)

⑬ Kreuzstein ⌘ ⊼ ✕

Für Naturliebhaber 🐐

Die Anstrengungen des Auf- und Abstiegs auf dieser mittelschweren Tour zu Niedersachsens höchsten Klippen werden durch die fantastischen Ausblicke ins Wesertal mehr als aufgewogen. Am Grünen Altar, einem germanischen Opferplatz für die Frühlingsgöttin Ostara, schauen Sie mehr als 40 m senkrecht in die Tiefe.

↻	Start/Ziel: Wanderparkplatz Kreuzsteinquelle, am Ende der Straßen Pappmühle und Kneippstraße, Hessisch Oldendorf, GPS N 52°11.444' E 009°18.773'
➲	7,4 km
⧗	2 Std.
↑ ↓	387 m/387 m
⇧	138-353 m
✎	gelbes Schild mit blauer Aufschrift „HO 8" und blauem Richtungspfeil
✕	Baxmannbaude (km 6,1)
⊼	viele Sitzbänke und Möglichkeiten zum Ausruhen, schöner Picknickplatz (km 0 und km 7,4), Unterstand mit Bänken (km 4,85), Baxmannbaude (km 6,1)
👪	für unbeaufsichtigte Kinder ungeeignet, Klippen über 40 m tief und frei zugänglich
🛒	Weg mit Buggy nur vom Start bis zum Ausblick hinter dem Unterstand (km 0-km 4,95) und von der Baxmannbaude bis zum Ziel (km 6,1-km 7,4) begehbar, von km 4,95-km 6,1 wegen Steilheit und Treppenstufen vollkommen ungeeignet
🐕	einfacher Untergrund, steil mit Treppenstufen (km 4,95-km 6,1), Leinenpflicht im NSG (km 0-km 1 und km 2,75-km 7,4)
🅿	Wanderparkplatz Kreuzsteinquelle, am Ende der Straßen Pappmühle und Kneippstraße, Hessisch Oldendorf, GPS N 52°11.444' E 009°18.773'
🚌	Die Bushaltestelle „Pappmühle Abzweigung" ist ca. 1,4 km vom Start- und Zielpunkt entfernt (Linien 23 und 25, 💻 www.oeffis.de).

Der Rundwanderweg zu den Hohensteinklippen beginnt am Wanderparkplatz Kreuzsteinquelle, an dem Sie neben Wasser auch ⊼ Bänke und Tische für ein Picknick finden. Sie gehen zunächst an der Trinkwassergewinnungsanlage vorbei und folgen dem Weg HO 8 (gelbes Schild mit blauer Schrift). Zu Ihrer Rechten befindet sich die Talniederung mit

Wiesen, links am bewaldeten, steilen Hang liegt das Naturschutzgebiet Hohenstein (NSG Hohenstein, S. 83).

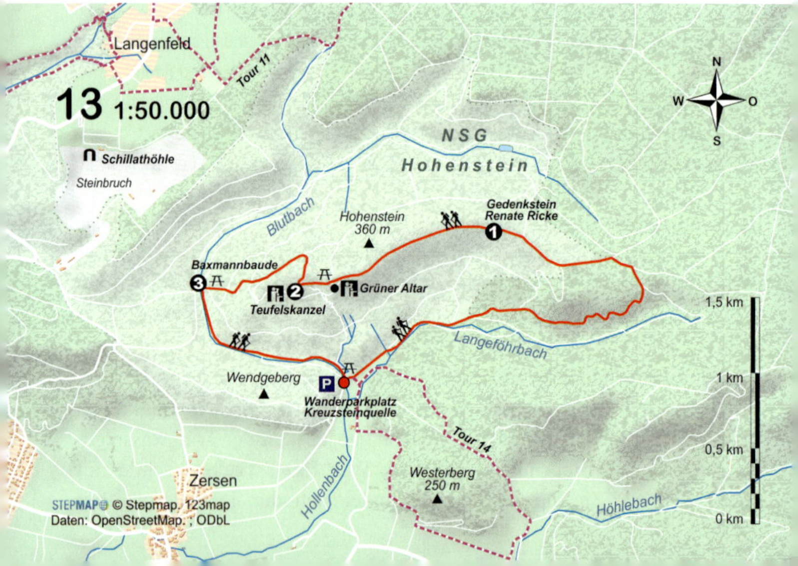

Am Ende der Wiesen nehmen Sie an der Weggabel (km 0,35) den rechten, etwas nach unten ziehenden Weg und wandern am Langeföhrbach ent-

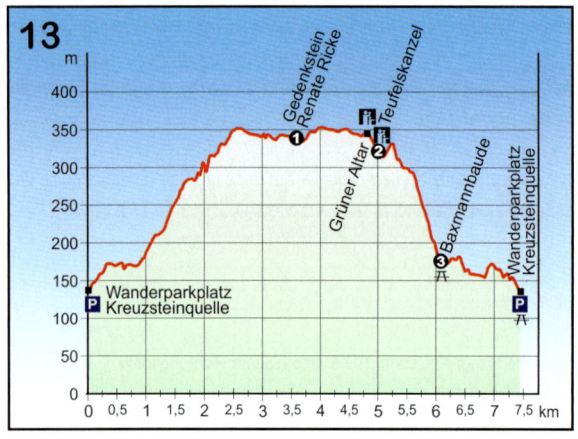

lang durch Wald. Nach 300 m geht nach rechts ein Weg ab, Sie gehen aber links weiter. Nach weiteren 200 m zweigt ein wenig befahrener Weg mit Gras in der Mitte nach links ab, hier bleiben Sie auf dem Feinschotterweg geradeaus. An der Gabelung ca. 20 m hinter einer besonders dicken Fichte, dahinter drei dünne Fichten (km 1), wandern Sie links leicht hangaufwärts durch Laubwald, weg von der Talsohle. Sie stoßen auf eine Gabelung (km 1,35), bei der ein schlechterer Weg steil bergauf zieht. Sie nehmen die andere, mit HO 8 ausgeschilderte Möglichkeit und passieren einen Steinbruch auf der linken Seite (km 1,9). Etwa 150 m weiter finden Sie noch einen Aufschluss links vom Weg.

Oolithe aus dem Oberen Jura

Korallenoolith

Am Aufschluss können Sie eine besondere Kalksteinform finden, den Korallenoolith. Die Oolithe (aus dem Griechischen, auf Deutsch: Eiersteine) entstanden hier vor ca. 155 bis 152 Mio. Jahren im Oberen Jura (☞ Oberer Jura, S. 114). Sandkörner, Reste von Muschelschalen etc. fungierten als Kristallisationskeime, an denen sich Kalk ablagerte. Sie wurden durch starke Wellenbewegung in der Schwebe gehalten bis sie zu schwer wurden, zu Boden sanken, eine Sedimentschicht bildeten und durch ein kalkiges oder toniges Bindemittel verkittet wurden. An den Bruchstellen der Oolith-Steine finden Sie auch zerteilte Mineralkügelchen (Ooide), an denen Sie sehr gut ihren konzentrischen Aufbau erkennen können.

Hinter dem Aufschluss gehen Sie in einer Linkskurve immer weiter bergauf und bleiben auf dem Feinschotterweg bis zum Kamm. Hier stoßen Sie auf eine T-Kreuzung (km 2,6).

Sie wandern links auf dem Kamm weiter Richtung Hohenstein und Baxmannbaude. Der Weg ist jetzt auch als Weserberglandweg und als Europäischer Fernwanderweg 11 gekennzeichnet.

Nach 250 m stoßen Sie auf einen Weg, dem Sie nach links weiter folgen. Sie wandern jetzt für die nächsten 2,5 km relativ eben auf dem Kamm durch Buchen-Eichen-Mischwald und zu Ihrer Linken genießen Sie immer wieder schöne Ausblicke ins Wesertal.

Sie können statt des Hauptweges die kleinen Fußwege nehmen, die sich nach links vom Hauptweg entfernen. Sie werden dann direkt zu den Klip-

Blick ins Wesertal am Grünen Altar

pen oder an den Klippen entlanggeführt. Achten Sie dabei auf Ihre Kinder, der Gedenkstein für Renate Ricke ❶ (km 3,6) direkt an der Kante zeigt, dass man vorsichtig sein muss.

Schließlich erreichen Sie den Grünen Altar (km 4,8). Hier sollten Sie schwindelfrei sein, denn auf dieser Kanzel stehen Sie über dem Abgrund. Der Blick ist fantastisch.

Kurz hinter der Kanzel finden Sie auf der rechten Seite einen ⛺ Unterstand mit Bänken.

Einen weiteren sehr schönen 📷 Blick haben Sie dann ca. 200 m weiter. Auch hier an der ⌘ Teufelskanzel ❷ brauchen Sie gute Nerven, um bis zur Kante zu gehen. Auf einer Steinplatte wurde eingeritzt, was von dieser Stelle aus zu sehen ist.

🛒 Bis hierher ist der Weg gut mit Kinderwagen befahrbar (wenn man auf die Fußpfade an den Klippen entlang verzichtet), der kommende Abstieg ist dagegen vollkommen ungeeignet.

Es geht weiter auf einem guten, schmalen und feinschotterigen Weg, der bei km 5,2 in eine Treppe übergeht, an deren Fußpunkt Sie nach links weiter wandern. An einer Abzweigung geht der Hauptweg geradeaus weiter, Sie nehmen einen Fußweg halb rechts Richtung Baxmannbaude (km 5,6). Es geht deutlich bergab, was durch einige Treppenstufen entschärft wird.

Klippen an der Teufelskanzel

Der Wanderweg stößt auf einen querenden Waldweg (km 5,7) und einen geteerten Waldweg (km 5,9). In beiden Fällen gehen Sie geradeaus hinüber und folgen den Wanderzeichen für den HO 8 und den Weserberglandweg. Kurz vor einer Brücke stoßen Sie erneut auf einen geteerten Waldweg (km 6,05) und noch vor der Brücke wenden Sie sich nach links.

Hinter der Brücke finden Sie die Waldschänke Baxmannbaude ❸ und Möglichkeiten für ein 🝞 Picknick.

✕ 🝞 **Baxmannbaude**, ▯ Sa 13:00-17:00, So 11:00-17:00

Cord Baxmann

Der Name der Baxmannbaude geht auf einen alten Mann zurück, der auch mit 91 Jahren noch sehr rege war. Sein Name war Cord Baxmann. Unseren Urahnen war der Sage nach das hohe Alter sehr suspekt und sie glaubten, es könnte nur mit böser Magie zu erklären sein. Endlich aber schien er doch gestorben zu sein, aber man hatte sich zu früh gefreut: Auf seiner eigenen Beerdigung lebte er wieder auf und lief quicklebendig mit der Trauergesellschaft nach Hause. So konnte es mit diesem todesunwilligen Baxmann ja wirklich nicht weitergehen. Daher wurde er von zwei Mönchen in die Blutbachquelle gebannt mit der Aufgabe, sie mit einem Sieb leer zu schöpfen. Da der nächste Winter sehr kalt war und die Quelle einfror, konnte Cord die gestellte Aufgabe lösen und sich von dem Bann befreien. Aber die miesen Mönche verbannten ihn erneut, dieses Mal mit der Aufgabe, die Quelle mit einem Fingerhut auszuschöpfen. Und das ist dem Cord Baxmann bis heute nicht gelungen.

Auf einem kleinen geteerten Weg wandern Sie das Blutbachtal hinab. Ca. 300 m nach der Brücke zur Baxmannbaude finden Sie eine Bank mit einem schönen Blick auf die Wiesen und den Blutbach.

Schlacht am Süntel

Der Name des Blutbaches geht auf eine Schlacht zurück, die hier im Jahre 782 zwischen Franken und Sachsen geschlagen wurde.

Die Sachsen waren erbost, weil Karl der Große in diesem Jahr auf einer Reichsversammlung an den Lippequellen (heute Bad Lippspringe, ca. 80 km SW) die sächsischen Gebiete über ihren Kopf hinweg aufgeteilt hatte. Außerdem hatte er im Capitulatio de partibus Saxoniae (lateinisch für: „Hoheitliche Anordnungen für die sächsischen Teilgebiete", wahrscheinlich erlassen im Jahr 782, möglicherweise aber – und dann ohne Bedeutung für die Schlacht – erst 785) zum Zwecke der Zwangschristianisierung harte Strafen festgelegt. Die Strafen begannen oft mit „Sterben soll …", z. B. „… wer die vierzigtägigen Fasten vor Ostern in Verachtung des christlichen Glaubens bricht und Fleisch isst" oder „… wer Heide bleiben will und unter den Sachsen sich verbirgt, um nicht getauft zu werden oder es verschmäht, zur Taufe zu gehen".

Die Sachsen, die nicht besonders erpicht auf diese christliche Fürsorge waren, hatten sich wahrscheinlich auf und im Bereich der nahen Amelungsburg versammelt. Wenn Sie auf der Bank sitzen, dann liegt die Amelungsburg in Blickrichtung (ca. WNW) auf dem übernächsten Berg etwa 2 km entfernt (🕮 Amelungsburg, S. 94).

Die Franken hatten eigentlich vorgehabt, die Sorben zu dezimieren, eilten aber – als sie von dem Aufstand der Sachsen erfuhren – schnell an die Weser. Ein unüberlegter und übereilter Angriff der Franken führte wahrscheinlich dazu, dass die Sachsen die blutige Schlacht gewannen. Und der Bach, an dem Sie hier sitzen, soll vom Blut der Gefallenen rot gewesen sein.

Die Sachsen konnten sich aber nicht lange über ihren Sieg freuen. Noch im gleichen Jahr wurden in einer Strafaktion, die als das Blutgericht von Verden (ca. 80 km N) in die Geschichte einging, 4.500 von ihnen an einem einzigen Tag geköpft. Karl der Große, bekannt als Christ, Integrator und gefeierter Europäer, war als massenmordender „Sachsenschlächter" wahrlich kein Freund filigraner Diplomatie.

Sie folgen weiter dem Blutbach, passieren das Riddekreuz (km 7,2) und erreichen wieder den Wanderparkplatz Kreuzsteinquelle (km 7,4).

⑭ Westerberg   ⚎ ✕

Für Natur- und Picknickliebhaber   👥👥👥 🐕🐕🐕

Dieser Weg wurde nach dem Berg benannt, den er umrundet. Er hätte aber genauso gut „Rastplatz-Weg" heißen können. Eine so auffällige Dichte von schönen Rastplätzen gibt es sonst nicht im Weserbergland. Wenn Sie einen dicken Rucksack vollgepackt mit Leckereien haben, dann sollten Sie diesen Weg nehmen. Und wenn Sie eine Rechtfertigung für das Schlemmen brauchen: Der erste Kilometer ist echt steil!

↻	Start/Ziel: Wanderparkplatz Kreuzsteinquelle, am Ende der Straßen Pappmühle und Kneippstraße, Hessisch Oldendorf, GPS N 52°11.444' E 009°18.773'
➲	4,3 km
⧗	1 Std. 45 Min.
↑↓	185 m/185 m
⇧	133-218 m
✎	gelbes Schild mit blauer Aufschrift „HO 10" und blauem Richtungspfeil
✕	Hotel Pappmühle (km 3,9)
⚎	Bank mit schöner Aussicht (km 1,5), Rastplatz Werner's Linde (ca. 200 m abseits des Weges, Abzweig bei km 1,85), Rastplatz am Forsthaus Bensen (km 1,95), Rastplatz mit schöner Aussicht (km 2,85), Rastplatz an der Kuckucksbuche (km 3,15)
👥	geringe Länge, gefahrlose Wegführung, viele Rastmöglichkeiten
🚼	Die Steigung am Beginn (km 0,3-km 1) und die Rasengittersteine hinter Forsthaus Bensen (km 2,2-km 2,8) sind für Kinderwagen beschwerlich bis ungeeignet.
🐕	gefahrlose Wegführung, einfacher Untergrund, kein Naturschutzgebiet
🅿	Wanderparkplatz Kreuzsteinquelle, am Ende der Straßen Pappmühle und Kneippstraße, Hessisch Oldendorf, GPS N 52°11.444' E 009°18.773'
🚌	Die Bushaltestelle „Pappmühle Abzweigung" ist ca. 1,4 km vom Start- und Zielpunkt entfernt (Linien 23 und 25, 🖥 www.oeffis.de).

   Diese kleine Sonntagnachmittagsrunde beginnt am Wanderparkplatz Kreuzsteinquelle. Sie gehen an der Trinkwassergewinnungsanlage vorbei und in Richtung Pappmühle bergab. Nach ca. 70 m biegen Sie nach links auf den mit HO 10 gekennzeichneten Weg ab und das Tal des Langeföhrbaches hinauf.

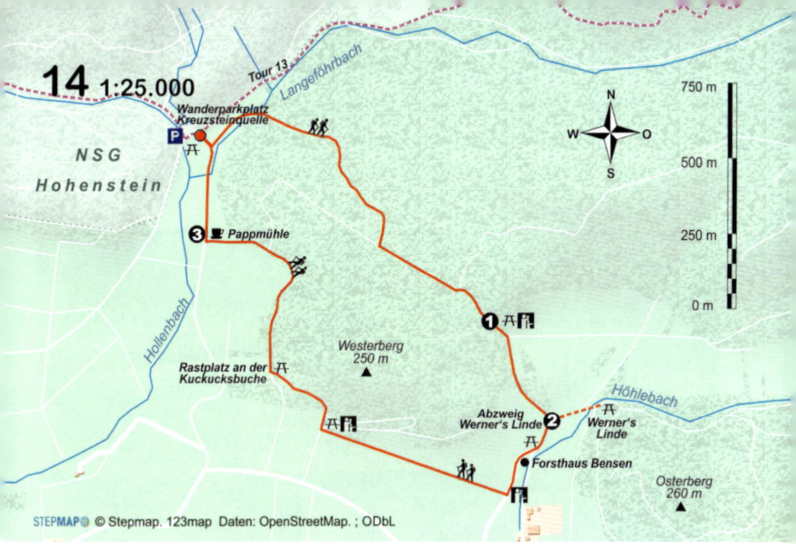

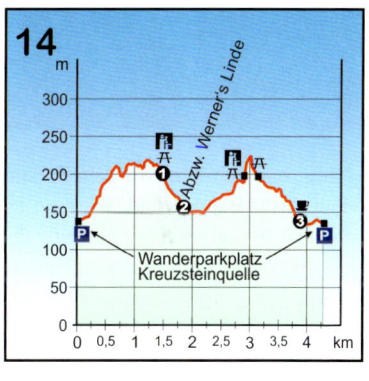

Zur Linken liegen Wiesen, zur Rechten Wald. Nach 100 m überqueren Sie den Bach und folgen dem Weg bergauf. Oben angekommen stoßen Sie auf eine T-Kreuzung (km 1), an der Sie nach links abbiegen.

Kurz hinter einem Haus spazieren Sie an der Kreuzung (km 1,3) geradeaus, den Hang hinunter, an einem Steinbruch an der rechten Seite vorbei und erreichen am Waldrand eine ⵣ Bank mit einer Infotafel ❶ (km 1,5). Hier haben Sie einen schönen 🔭 Blick auf die Berge im Hintergrund und die links liegenden Klippen.

An der Kreuzung bei der Bank nehmen Sie den Teerweg am Waldrand entlang hinab ins Tal. Zu Ihrer Linken ist erst Grünland, dann Wald. Am Ende des Waldstücks erreichen Sie eine T-Kreuzung ❷ (km 1,85), an der Sie nach rechts abbiegen.

☝   Wenn Sie an dem am Bach gelegenen 🍴 Rastplatz Werner's Linde ein Picknick machen möchten, dann gehen Sie hier nach links. Der Gesamtweg verlängert sich durch diesen Abstecher (hin und zurück) um 400 m.

Werner's Linde

Sie passieren kurz vor dem Forsthaus Bensen einen 🍴 Rastplatz mit Schutzdach, Bänken und Tischen, nehmen an der Gabelung die rechte Möglichkeit und wandern oberhalb des Hauses weiter. Hinter den Gärten (km 2,15) geht es dann nach rechts auf einem Weg weiter, der zunächst geteert, dann mit Rasengittersteinen gepflastert ist. Nach links haben Sie einen schönen 📷 Blick über freies Feld.

Der Weg führt Sie schnurgerade zum nächsten 🍴 Rastplatz (km 2,85), einem Tisch mit mehreren Bänken und schöner 📷 Aussicht.

An der T-Kreuzung 10 m hinter dem Rastplatz biegen Sie nach rechts ab, wandern am Waldrand hinauf und dann – nachdem Sie knapp in den Wald eingedrungen sind – links leicht bergauf. Der Weg führt Sie bald zum 🍴 Rastplatz an der Kuckucksbuche (km 3,15), an der Sie eine kleine Schutzhütte und Bänke finden. Von hier aus schauen Sie am Wendgeberg im Vordergrund vorbei auf den auffallenden Bergrücken des 291 m hohen Mittelberges.

Hinter dem Rastplatz wenden Sie sich nach rechts und wandern immer hart am Waldrand und der Wiese entlang, bis Sie aus dem Wald herauskommen (km 3,7) und geradeaus auf die Pappmühle zu gehen. Die Pappmühle ❸ war 1841/42 ursprünglich zur Herstellung von Papier und Pappen erbaut worden, wird aber schon seit 1907 als Gasthaus betrieben.

✕ **Hotel Pappmühle**, Pappmühle 1, Hessisch Oldendorf, ☎ 051 52/94 66 66, ✉ hotel@pappmuehle.de, 🖥 www.pappmuehle.de, 🚫 nicht geöffnet im Urlaub und bei Auswärts-Catering (siehe Internetseite)

An der Pappmühle gehen Sie nach rechts das Höllental hinauf zurück zum Parkplatz (km 4,3). Und wenn Sie jetzt Ihren Füßen was Gutes tun wollen, dann nutzen Sie die Kneippanlage an der Kreuzsteinquelle.

Kuckucksbuche

⑮ Ziegenbuche

Für Naturliebhaber

Diese kleine Wanderung im Landschaftsschutzgebiet Süd-Deister ist im Mai besonders schön. Der würzig duftende Buchenwald ist dann weithin mit weiß blühendem Bärlauch bedeckt und die Panoramablicke ins Weserbergland bieten durch die gelben Rapsfelder leuchtende Highlights.

↻   Start/Ziel: Parkplatz am Restaurant Ziegenbuche, An der Ziegenbuche 6, Bad Münder am Deister, GPS N 52°12.66' E 009°28.8588'

➔   7 km

⧖   knapp 2 Std.

↑ ↓   150 m/150 m

⇧   215-312 m

✎   geleitet von Wegweiser

✗   Berggasthof Ziegenbuche (km 0 und km 7)

🍴   viele Sitzbänke und Möglichkeiten zum Ausruhen

👪   einfacher, kurzer Weg und keine Gefahren

🚲   km 4,5-km 5,3 unpassierbar (Fußpfad hangaufwärts), allerdings vom Startpunkt bis km 4,5 und zurück oder zwischen km 5,3 und Start/Zielpunkt als Streckentouren begehbar

🐕   einfacher, kurzer Weg und keine Gefahren

🅿   Parkplatz am Restaurant Ziegenbuche, An der Ziegenbuche 6, Bad Münder am Deister, GPS N 52°12.66' E 009°28.8588'

🚌   Die Bushaltestelle „Bad Münder Steinkreuzer Weg" ist ca. 2,1 km vom Start- und Zielpunkt entfernt (Linie 18, 🖥 www.oeffis.de).

Die kleine Wanderung startet am Berggasthof Ziegenbuche.

✗   **Berggasthof Ziegenbuche**, An der Ziegenbuche 6, Bad Münder am Deister, ☎ 050 42/33 78, ✉ kontakt@ziegenbuche.de, 🖥 www.ziegenbuche.de, 🕐 Mi-Fr 11:00-21:00

Sie gehen zunächst zu einer Kreuzung am Waldrand mit vielen Wegweisern (km 0,1) und nehmen nach rechts den Panoramaweg Richtung Bad

Münder und Deisterpforte. Sie kommen an den kleinen Hütten eines Wald-
kindergartens vorbei und folgen der Markierung eines weißen X auf
schwarzem Grund bis zu einer Gabelung (km 0,2). Dort führt der Fernwanderweg E1 nach links, Sie gehen aber rechts auf Feinschotter weiter und an
einem Jägerzaun entlang. Es folgt eine kleine Weggabel (km 0,4), an der
Sie sich geradeaus halten (nach rechts unten sind Felder zu sehen). 150 m
weiter erreichen Sie einen schönen Ausblick auf Bad Münder und gehen
geradeaus weiter, bis Sie bei einem Aufsteller und zwei Bänken schräg auf
einen Forstweg treffen (km 0,6), auf dem Sie nach links weiterwandern.

🧍 Ab hier macht der Panoramaweg mit seinem schönen Blick ins
Weserbergland seinem Namen Ehre.

Nach 200 m finden Sie eine Tafel, die einen Hinweis auf die Berge im
Panorama gibt, z. B. Ith und Köterberg. Es folgt eine zweite Tafel mit
Erklärung zum Ausblick (km 1,3). 40 m dahinter erreichen den Mesenstein
und zwei Bänke ❶. Der Stein erinnert an den wenig vorausdenkenden und

Mesenstein

unglückseligen Cordt Mese, der – im Gebüsch versteckt und in Vorfreude auf einen gelungenen Spaß – wie ein Wildschwein grunzte und prompt von einem Jagdkumpan erschossen wurde.

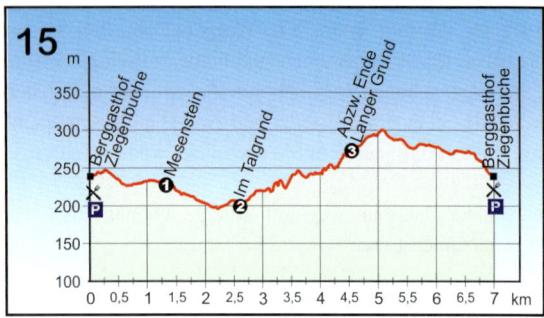

An der nächsten Waldwegkreuzung (km 1,5) folgen Sie dem Wegweiser Richtung Langer Grund und Deisterpforte und wandern nach links auf einem durch eine Schranke versperrten Weg. Es geht erst etwas aufwärts

Bärlauch

und dann immer geradeaus hinab in den Langen Grund. Wenn Sie im Tal angekommen sind, gehen Sie nach links weiter talaufwärts, dem Wegweiser Richtung Ziegenbuche folgend ❷ (km 2,6). An der Gabelung etwa 60 m weiter nehmen Sie den linken Weg. Rechts und links des Weges wächst sehr viel Bärlauch.

Bärlauch

Zwiebeln, Schnittlauch, Porree, Knoblauch und der wild wachsende Bärlauch sind nah verwandt. Sie alle gehören zur Pflanzengattung Allium. Wie Knoblauch enthält Bärlauch eine Substanz namens Allicin, dessen Zerfallsprodukte den typischen Geruch erzeugen. Bärlauch ist als

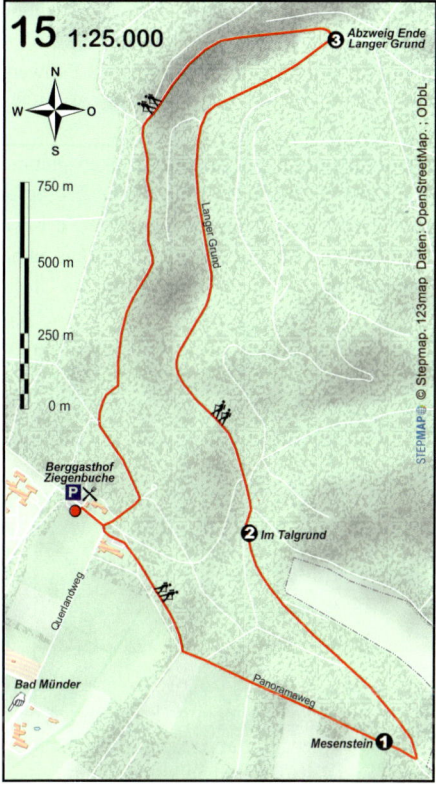

Gemüse und Heilkraut ziemlich trendig und beliebt und das Sammeln für den Eigenbedarf ist erlaubt. Leider können die Bärlauchblätter beim Sammeln rein optisch mit den giftigen Blättern von Maiglöckchen, Herbstzeitlose oder Geflecktem Aronstab (dessen junge Blätter noch nicht gefleckt sind) verwechselt werden. Das Knoblaucharoma des Bärlauchs ist aber ein eindeutiges Erkennungszeichen.

Am Wegweiser, der nach links zum Anna- und Nordmannsturm weist (km 3), gehen Sie geradeaus weiter den Langen Grund hinauf. Ein

Kiepenmann symbolisiert den Weg. Schließlich erreichen Sie einen Wegweiser, der nach links „Ziegenbuche 2,3 km" zeigt ❸ (km 4,55). Sie folgen dem Wegweiser nach links auf einem Fußweg den Hang hinauf.

Oberer Jura

Die Kalksteine mit Muschelabdrücken stammen aus dem Oberen Jura (vor 163 bis 145 Mio. Jahren). In dieser Zeit befand sich hier ein von Westen nach Osten verlaufender Meeresarm, der wahrscheinlich unter 100 km breit war und als Niedersächsisches Becken bezeichnet wird. Das Festland im Süden ist die Rheinische Masse (die Uferlinie liegt heute ungefähr auf der Höhe von Bielefeld). Das

Muscheln aus dem Oberen Jura

nördliche Festland, das heute ungefähr auf der Höhe von Nienburg (Weser) beginnt, wird Pompeckjsche Scholle genannt. Wegen der Kontinentaldrift lag das Gebiet damals insgesamt aber weiter südlich, etwa in Höhe des heutigen Nordafrika, sodass das Klima entsprechend warm war. An der flachen Küste von Bielefeld lauern Krokodile, auf einer Halbinsel südlich von Hannover jagen zweibeinige Raubsaurier, bei Nienburg stehen dichte Wälder aus Farnen, Bärlapp, Schachtelhalmen und Zypressen und Sie laufen am Grund des jurassischen Meeres herum, während eine Gruppe Plesiosaurier über Ihrem Kopf entlang schwimmt.

Sie treffen auf einen größeren Waldweg (km 5,3) und wenden sich nach links, dem Schild „Ziegenbuche 1,5 km" folgend. Nach 100 m kommen Sie zu einem Schild, das über naturgemäße Waldwirtschaft aufklärt. Sie folgen links dem guten Weg. Ein weiteres Infoschild über Spechte folgt (km 5,9) und Sie stoßen kurz hinter einer Schranke auf einen Querweg (km 6,4). Sie folgen dem geteerten Weg nach links, bis Sie eine T-Kreuzung erreichen (km 6,7). Sie wandern nach rechts bergab und erreichen den Start- und Zielpunkt (km 7).

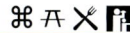

 Finkenborn   ⌘ 〒 ✕ 🏚

Für Naturliebhaber   👪 🐎 🐎 🐎 🐎

Diese mittelschwere Wanderung fordert Sie mit einigen Anstiegen, die den Namen des Weserberglandes rechtfertigen, schenkt Ihnen aber auch wunderschöne Ausblicke, z. B. vom Klüt aus über Hameln, und einen meist schattigen, waldbetonten Weg durch das Landschaftsschutzgebiet Hamelner Stadtforsten.

↻ Start/Ziel: Parkplätze beim Gasthaus Forsthaus Finkenborn, Finkenborn 4, Hameln, GPS N 52°5.812' E 009°19.349'

➲ 8,3 km

⧗ 3 Std.

↑ ↓ 295 m/295 m

⇧ 94-254 m

✎ gelbes Schild mit blauer Aufschrift „1" und Richtungspfeile

✕ Gasthaus Forsthaus Finkenborn (km 0 und km 8,3)

〒 Picknickplatz Hut's Ruhe (km 4), Schutzhütte mit schönem Blick (km 4,6)

👪 keine besonderen Highlights für Kinder, jedoch auch keine speziellen Gefahren

🛒 gesamter Weg ungeeignet, da häufig auf Fußpfaden, aber vom Start (Gasthaus Finkenborn) bis zum Klütturm (km 1) und zurück sehr schöner Kinderwagen-Spaziergang

🐎 guter Untergrund, Trinkmöglichkeiten am Gasthaus Finkenborn sowie am Wiengrundbach (km 2,2 und 6,5), kein Naturschutzgebiet

🅿 Parkplätze beim Gasthaus Forsthaus Finkenborn, Finkenborn 4, Hameln, GPS N 52°5.812' E 009°19.349'

🚌 Die Bushaltestelle „Hameln Brückenkopf" (Linien 4, 21, 28, 95, 🖥 www.oeffis.de) ist ca. 2 km vom Start- und Zielpunkt entfernt.

Die kleine Wanderung in der Nähe von Hameln beginnt an der Waldgaststätte Forsthaus Finkenborn. Die blaue Aufschrift „HM 1" auf gelbem Grund weist Ihnen den Weg.

✕ **Gasthaus Forsthaus Finkenborn**, Finkenborn 4, Hameln, ☏ 051 51/621 69, 📧 fischer-hameln@t-online.de, 🖥 www.finkenborn.de, 🗓 Mo-Mi geschlossen, Do-Sa 12:00-22:00, So 11:00-22:00

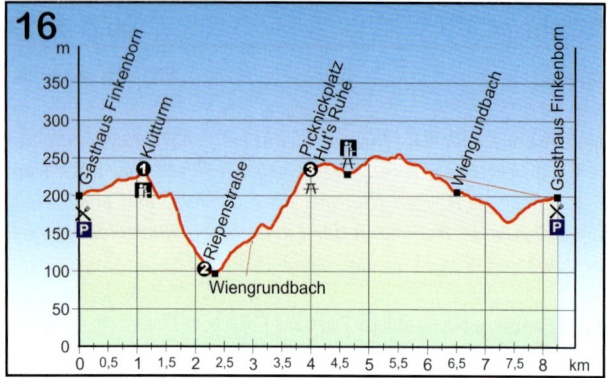

Vom Gasthaus aus folgen Sie dem Wegweiser Richtung Klütturm auf dem Waldpfad Finkenborn/Klüt, einem Fußweg, der rechts der geteerten kleinen Straße verläuft. Auf Ihrem Weg zum Klütturm spazieren Sie durch Laubwald. Unterwegs finden Sie Infotafeln zu Aspekten des Waldes und der Forstwirtschaft, die vom Rotary Club Hameln aufgestellt wurden.

Nach der Tafel „Die Schutzfunktion des Waldes" entfernen Sie sich etwas von der Straße, bleiben aber doch mehr oder weniger parallel zu ihr. Schließlich – nach der Infotafel „Lebensgemeinschaft Wald" – stoßen Sie wieder auf die kleine Teerstraße (km 1) und folgen ihr nach rechts zum Klütturm ❶.

Klütturm

Der Aussichtsturm auf dem Klütberg besteht aus den Überresten einer Festung, die nach einer Niederlage zerstört wurde.

Offiziell heißt er Georgenturm, was auf das ehemalige Fort George hinweist, benannt nach König Georg III. (1738-1820), dem dritten britischen König aus dem Hause Hannover und gleichzeitig Kurfürst von Braunschweig-Lüneburg. Georg III. hatte Graf Wilhelm Friedrich Ernst zu Schaumburg-Lippe (1724-1777) (☞ Kolonistensiedlung Harrl, S. 24) beauftragt, Vorschläge zur Verbesserung der Festung Hameln zu machen. Diese Verbesserungen machten das Fort George ab 1761 zu einer der stärksten Festungsanlagen Mitteleuropas, was ihr den Beinamen „Gibraltar des Nordens" einbrachte.

Im Feldzug gegen die Preußen (Frankreich & Rheinbund gegen Preußen & Russland) musste sich die Festung Hameln, die auf preußischer Seite stand, trotz der guten Befestigung den Franzosen ergeben. Die Kapitulation am 20. November 1806 bedeutete das Ende der Festung, denn auf Befehl Napoleons (1769-1821) wurde sie sehr gründlich geschleift. Aus den wenigen übrig gebliebenen Resten erbaute man schließlich 1843 den Georgenturm.

Er wurde 1887 in einer zweiten Bauphase auf 23 m erhöht, und von seiner Plattform hat man einen wunderbaren Blick auf die Altstadt von Hameln und das Wesertal.

Klütturm

🏛 Allerdings müssen Sie gar nicht auf den Turm hinaufsteigen, auch am Boden ist der Ausblick fantastisch.

Lilian Sanderson

An einer Stelle auf dem Klüt-Gelände, oben an einer Mauer vor einer Ruhebank, finden Sie eine Gedenktafel für die Sängerin Lilian Sanderson (1867-1947). Die amerikanische Sängerin hatte Hamelner Wurzeln, derer sie sich zeitlebens bewusst war. Sie absolvierte fünf Europatourneen und trat dabei jedes Mal in Hameln (als einzige deutsche Kleinstadt) auf. Die Eintrittsgelder und Spesen spendete sie dem Verschönerungsverein, der ihr aus Dankbarkeit 1893 diese Gedenktafel widmete.

Das Restaurant Bürgerstube Klütturm, an dem Sie entlangwandern, ist augenscheinlich schon länger geschlossen.

Hinter dem Klütturm-Bereich wandern Sie auf einem Pfad auf dem Kamm geradeaus weiter. Etwa 80 m vom Restaurant entfernt biegen Sie nach recht vom Kammweg ab (km 1,35). Die Abzweigung ist mit dem HM1-Zeichen gut markiert. Nach einer Rechtskurve bewegen Sie sich hangabwärts in westliche Richtung. 100 m hinter der Rechtskurve nehmen Sie an einer Gabelung den Weg bergab.

Bei der nächsten Fußweggabel ist es egal, welchen Weg sie nehmen: Beide führen nach kurzer Zeit auf einen Waldweg (km 1,7), den Sie geradeaus überqueren. Nach 300 m queren Sie bei einer Ruhebank erneut geradeaus einen Waldweg und erreichen am Rand der Siedlung Wangelist die Riepenstraße ❷ (km 2,25), auf der Sie 80 m nach links gehen. Dann biegen Sie rechts ab (blaues Haus des NABU) und wandern an der Infotafel „Lebensraum Bachlauf" (km 2,35) auf einem geteerten Feldweg leicht bergan bis hinauf zum Waldrand. Links liegt Ackerland, rechts erst ein paar Büsche, dann ein Gartenhäuschen und eine Wiese. Ungefähr am Waldrand (km 2,75) endet der Teer, 100 m weiter laden zwei Bänke zur Rast ein und nach nochmal 100 m biegen Sie nach rechts in den Wald hinein ab.

An der nächsten Waldweggabelung gehen Sie rechts weiter durch schönen Laubhochwald. An der folgenden Waldwegkreuzung, an der eine Lärche mit einer 19 markiert ist (km 3,3), wandern Sie links immer geradeaus bergan weiter, erst auf einem Weg, dann auf einem Fußpfad (km 3,5).

Der Fußpfad macht eine Rechtskurve, der Sie folgen. Am Schild zum Thema Borreliose vorbei steigen Sie bergan, bis Sie vor einer Vertiefung stehen und nach rechts zum ⏹ Picknickplatz Hut's Ruhe, wo Sie Bänke und Tische vor einem Teich finden, wandern ❸ (km 3,9).

Keine Zecke sondern ein Vierundzwanzigpunkt-Marienkäfer auf Gerste

Zecken und Borreliose

Wenn Sie viel wandern, haben Sie sich sicher schon mit der Borreliose befasst, einer Infektionskrankheit, die durch Bakterien namens Borrelien verursacht und durch Zecken übertragen wird.

Mit Borrelien befallene Zecken kommen mittlerweile überall in Deutschland vor. Der Prozentsatz der befallenen Tiere schwankt gebietsabhängig zwischen 5 und 35 %.

Die Borrelien haben es nicht unbedingt auf den Menschen abgesehen. Sie wollen eigentlich in Vögeln oder kleinen Nagetieren wie Mäusen leben und die Fahrt von einem Wirt zum anderen organisiert der Zecken-Bus für sie. Durch diese logistische Hilfestellung, die etwas aus dem Ruder gelaufen ist, erkranken immerhin 100.000 bis 200.000 Menschen pro Jahr in Deutschland an Borreliose.

Die als Borrelien-Bus arbeitenden Zecken können mit Hilfe der Haller-Organe, die an ihren vordersten beiden Beinen sitzen, den CO_2-Ausstoß und den Schweißgeruch möglicher Opfer sowie feinste Temperaturänderungen wahrnehmen. Sie lauern im Gras oder Unterholz, lassen sich im richtigen Moment von den potenziellen Wirtstieren abstreifen und krallen sich dann mit ihren mit Widerhaken bewehrten Vorderbeinen am Wirt fest. Schließlich krabbeln sie zu den vorzugsweise weichen Körperstellen mit der beachtlichen Geschwindigkeit von bis zu 8 m pro Stunde, was fast dem doppelten Weinbergschnecken-Tempo entspricht.

Der finale Anstich beginnt damit, dass sich die grausame Zecke am Körper festkrallt, um kräftiger schneiden und stechen zu können. Dann schneidet sie mit ihren Kieferklauen ein Loch in die Haut, in das sie den vorderen, mit Widerhaken besetzten Teil ihres Mundapparates einhakt. Jetzt sticht sie zu und injiziert voller Tücke ein schmerzlinderndes, entzündungs- und gerinnungshemmendes Sekret, damit sie möglichst lange unerkannt bleibt. Die Borrelien, die dabei wieder ein neues Biotop erobert haben, applaudieren frenetisch. Und für die Zecke beginnt die Blutmahlzeit, wobei erwachsene weibliche Tiere bis zu Erbsengröße anschwellen können.

Der Picknickplatz wurde nach dem Dampflokführer Wilhelm Huchthausen benannt, der in Anbetracht seines Arbeitsplatzes den geräuschmalerischen Spitznamen Hut-Hut erhalten hatte.

Am Ende des Picknickplatzes ist die Wegmarkierung ein bisschen missverständlich. Sie müssen links um den Teich herumgehen.

Nach etwa 70 m erreichen Sie einen feingeschotterten Waldweg, dem Sie nach links folgen. An der nächsten Weggabel (km 4,3) nehmen Sie wieder die linke Möglichkeit. Auch bei den vier auffällig zusammenstehenden, schönen Buchen 50 m weiter gehen Sie wieder links.

Es folgt eine Weggabelung, in deren Mitte eine Fichte mit einer 11 steht (km 4,4). Hier nehmen Sie den besseren Weg nach rechts. Sie marschieren durch eine Rechtskurve und erreichen eine Abzweigung nach rechts (km 4,6). Geradeaus liegt eine kleine 🏠 ⛺ Schutzhütte mit einem wunderschönen weiten Blick ins Tal.

Sie umrunden die Schutzhütte und laufen auf einem netten Fußweg am Hang entlang. Nach ca. 250 m queren Sie einen Graben und nach weiteren 100 m, an einer Bank von Karl Brombach und einem Baum mit einer 2, biegen Sie nach rechts ab. Sie passieren einen Turm der Telekom und einen Steinbruch links des Weges (km 5,05). An der Kreuzung, an der eine Fichte mit einer 7 markiert wurde (km 5,2), nehmen Sie den Dr.-Höchel-Weg geradeaus. Auch an der nächsten Waldwegkreuzung wandern Sie geradeaus durch einen schönen Fichtenwald mit viel Farn im Untergrund.

Blick ins Tal des Wiengrundbaches

An einer Waldwegkreuzung mit vier guten Waldwegen (km 5,75) nehmen Sie den rechten Weg, sodass Sie nun auch dem Hanseweg (gekennzeichnet mit schwarzem X9 auf weißem Grund) folgen. Links befindet sich Fichtenhochwald mit auffällig schönen, geraden Fichten, rechts liegt Laubwald.

An einer Kreuzung nach 350 m (bei einer mit einer 15 markierten Eiche) führt der Hanseweg geradeaus, Sie müssen aber dem HM1 folgend nach links laufen. Sie passieren einen kleinen Teich namens Kuttenborn (km 6,5), dann noch einen Tümpel und stoßen kurz darauf auf eine T-Kreuzung mit einer Teerstraße. Hier biegen Sie nach rechts ab und bleiben auf dem geteerten Weg, bis Sie (von den Zeichen E1, X9, X10 und HM1 geführt) links von der Straße herunter auf einen Waldfußweg abzweigen (km 7,05).

Vom Pfad kommen Sie wieder auf eine Waldstraße (km 7,35). Hier gehen Sie links bis zur Infotafel „Klut Finkenborn Riepen" und dort rechts weiter (km 7,4). Sie überqueren eine Teerstraße und folgen ihr auf der rechten Seite auf einem Fußweg bis zu einer Gabelung (km 8,05). Hier nehmen Sie die linke Möglichkeit und erreichen kurz darauf das Gasthaus Forsthaus Finkenborn, den Ausgangspunkt der Wanderung (km 8,3).

 Hansaweg   🛧 ✗ 🏠

Für Naturliebhaber   👪 🐕 🐕 🐕

Der hier beschriebene Weg zeichnet sich durch die langen Waldrandstrecken aus, die immer wieder schöne Ausblicke auf das liebliche Weserbergland gewähren.

↻ Start/Ziel: Wanderparkplatz Waldquelle, Waldquelle 1, Aerzen,
GPS N 52°3.572' E 009°15.686'

➲ 12,6 km

⧗ 4 Std.

↑ ↓ 348 m/348 m

⇧ 102-267 m

✎ Hansaweg (weißes X9, km 0-km 0,6 und km 9,65-km 12,6), Pyrmonter Weg (weißes Dreieck, km 0,6-km 1,3), AE8 (gelbe 8, km 1,3-km 1,7 und km 2,7-km 4,45), AE9 (gelbe 9, km 4,45-km 9,3), ohne Zeichen (km 1,7-km 2,7 und km 9,3-km 9,65)

✗ keine Einkehrmöglichkeiten

🛧 Bank und Tisch mit schöner Sicht (km 7,4), Schutzhütte (km 9,9), Rastplatz Osterbreite (km 10,3), Bänke mit schönem Blick auf Aerzen (km 11,5)

👪 keine besonderen Highlights für Kinder, aber auch keine speziellen Gefahren

🛒 viele Fußpfade, daher für Kinderwagen ungeeignet

🐕 kein Naturschutzgebiet, guter Untergrund durch viele Fußpfade

🅿 Wanderparkplatz Waldquelle, Waldquelle 1, Aerzen, GPS N 52°3.572' E 009°15.686',
Wanderparkplatz am Ahorn, Ahornweg, Aerzen, GPS N 52°3.140' E 009°13.376'

🚌 Die Bushaltestelle „Aerzen Grehberg" (Linien 30 und 38, 🖥 www.oeffis.de) ist
ca. 2 km vom Start- und Zielpunkt entfernt.

Dieser schöne Rundweg beginnt rechts neben der Infotafel „Wanderparkplatz Waldquelle". Auf einem mit X9 gekennzeichneten Fußpfad geht es Richtung Schwöbber in den Laubwald hinein und an der nächsten Waldwegkreuzung nach links weiter, an einem kleinen Fundament vorbei.

Nach ca. 200 m finden Sie auf der rechten Wegseite eine mit grüner Farbe angestrichenen Fichte. Hier müssen Sie nach rechts vom Waldweg auf einen Fußpfad abbiegen, der bergab und an der oberen Kante eines ehemaligen Steinbruchs entlangführt.

Etwa 50 m nach dem Abbiegen passieren Sie einen interessanten Stelzenbaum, der auf dem Wurzelteller eines umgefallenen Baumes gekeimt hat: Inzwischen ist der Wurzelteller erodiert und die Wurzeln des ehemaligen Keimlings sind zu dicken Stelzen herangewachsen.

Kurz vor einem Golfplatz (km 0,4) gehen Sie rechts bergab, immer geradeaus bis zum Waldrand (km 0,6).

✎   Ab hier folgen Sie dem Pyrmonter Weg (weißes Dreieck).

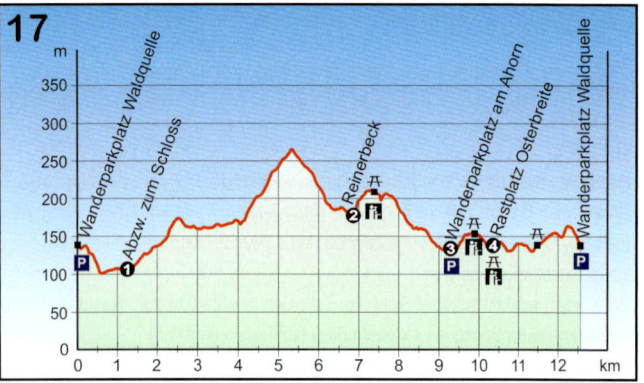

An der dortigen T-Kreuzung spazieren Sie nach links und immer geradeaus am Golfplatz entlang, bis Sie an eine Kreuzung mit einer zernarbten Teerstraße kommen ❶ (km 1,3).

✎   Ab hier folgen Sie dem Weg mit der gelben 8.

👉   Wenn Sie mögen, können Sie an der Kreuzung (❶) nach rechts das Schloss Schwöbber besuchen. Das sehenswerte Wasserschloss aus dem 16. Jahrhundert gehörte früher den Münchhausens, von denen der Lügenbaron Hieronymus Carl Friedrich von Münchhausen (1720-1797) am bekanntesten sein dürfte. Allerdings können Sie es nur eingeschränkt ansehen, da es seit 2004 als 5-Sterne-Golfhotel betrieben wird. Das Schloss Schwöbber liegt von hier aus ca. 500 m entfernt, sodass Sie für diesen Abstecher 1 km zur Gesamtdistanz des Weges addieren müssen.

Hier wandern Sie die kleine Teerstraße nach links weiter Richtung Hohe Asch ins Wasserschutzgebiet hinein. Der geteerte Weg hört bald auf und wird zu einem Schotterweg. An der Gabelung (km 1,7) nehmen Sie den Weg links in den Wald hinein.

✎   Ab hier ist der Weg zunächst nicht mehr markiert.

Dem Waldweg folgend überqueren Sie an einem Unterstand die Golf-anlage (km 2) und nehmen an der Gabelung 300 m weiter im Fichtenhoch-wald den linken Weg, der leicht bergan führt. Nach 350 m stößt von links hinten ein Weg dazu, Sie wandern hier geradeaus weiter. Kurz drauf mün-det der Weg 8 wieder ein und Sie folgen ihm geradeaus (und nicht bergab zum Waldrand hin).

✎   Ab hier folgen Sie wieder dem Weg mit der gelben 8.

Sie verlassen das Wasserschutzgebiet (km 3) und wandern an der Kreuzung 100 m weiter geradeaus hangparallel weiter. Sie passieren eine Lichtung auf der rechten Wegseite (km 4,05) und kommen 100 m weiter an eine T-Kreuzung, an der Sie nach links auf einen Feinschotterweg abbiegen. Kurz hinter dieser Kreuzung zweigt ein Weg mit Grasbewuchs in der Mitte nach rechts ab, aber Sie wandern geradeaus auf dem mit einer 8 gekennzeichneten Weg bergan. Knapp 100 m weiter, kurz vor einem Feld, laufen Sie nach links weiter bergauf. Wenn Sie nach 200 m oben sind, erreichen Sie eine Kreuzung mit einem etwas schlechteren Waldweg. Hier wandern Sie rechts Richtung Hohe Asch weiter.

     Ab hier ist der Weg mit einer gelben 9 markiert.

Sie haben auf den folgenden 200 m am Waldrand einen schönen 🏨 Blick über das Tal des Beberbaches.

Kurz hinter einer kleinen Bank (km 4,7) an einer Kreuzung wandern Sie geradeaus weiter. Sie folgen dem Fußweg immer geradeaus bis zu einer weiteren Kreuzung (km 5,65).

An dieser sehen Sie eine Bank mit schöner 🏨 Aussicht. Der Einstieg zum weiteren Weg nach Reinerbeck ist hier leider kaum zu erkennen, aber wenn Sie auf der Bank sitzen und geradeaus schauen, dann schauen Sie Richtung Reinerbeck am Waldrand entlang. Da müssen Sie weiter! Leider ist der Weg zunächst arg verkrautet, aber man kommt als Fußgänger doch noch ganz gut durch. Bald hinter einem Hohlweg (km 5,85) ist der Weg wieder frei.

Nach einer kleinen Talsohle geht es an einer Gabelung zweier schlechter Waldwege (km 6,05) rechts weiter. 250 m weiter, wenn von rechts ein Weg aus dem Feld heraus einmündet, haben Sie die schlechte Wegstrecke ganz überwunden und spazieren geradeaus weiter. Sie passieren eine kleine Ansiedlung und erreichen eine Straße (km 6,75), an der Sie nach links den Telegrafenmasten nach Reinerbeck folgen.

Kurz vor dem Ortsschild Reinerbeck ❷ (km 6,9) steht auf der linken Seite eine Bank, an der es nach links hinauf (markiert als AE9) und am Ortsrand entlanggeht.

Wenn Sie auf die Straße Vorm Berg stoßen (km 7,1), marschieren Sie geradeaus auf einem Waldweg weiter. Nach einem Waldstück wandern Sie am Waldrand entlang und genießen den schönen Blick. Sie kommen zu einer ⅂ Bank mit Tisch und schöner ⬛ Sicht (km 7,4).

200 m hinter der Bank müssen Sie bei einem Hochsitz hinter einer Tiefenlinie wieder bergan und ein bisschen in den Wald hinein, haben aber trotzdem noch schöne Blicke auf den Bergrücken mit den Kuppen Pyrmonter Berg und Kalte Nase.

Vom Fußweg stoßen Sie auf einen fein geschotterten Waldweg (km 7,95), dem Sie rechts bergab bis zu einer Kreuzung (km 8,05) folgen. Hier stehen zwei ⅂ Bänke mit Tisch (km 8,05).

Kornblumen

An der Kreuzung biegen Sie nach links ab. Sie wandern jetzt wieder tiefer in den Buchenhochwald hinein, überqueren die Waldwegkreuzung (km 8,5) geradeaus und nehmen bei der größeren Kreuzung an einer kleinen Hütte (km 8,6) den Weg nach rechts hinab und an der Siedlung Ahorn entlang zu einer T-Kreuzung. Nach links erreichen Sie den 🅿 Wanderparkplatz am Ahorn ❸ (km 9,3).

Schöne Aussicht vom Hansaweg

✎   Die folgenden 350 m ist der Weg nicht markiert.

Sie gehen am Wanderparkplatz vorbei und halten sich am Waldrand. Dabei passieren einen kleinen Teich auf der rechten Seite. 350 m hinter dem Wanderparkplatz biegen Sie vom guten Waldweg auf einen etwas mit Gras bewachsenen Weg nach rechts ab und begleiten weiterhin den Waldrand.

✎   Von hier bis zum Ziel ist der Weg als Hansaweg (X9) markiert.

Sie kommen an eine kleine ⊼ Schutzhütte mit Tisch und schönem 🔍 Blick (km 9,9). Dann erreichen Sie ⊼ Bänke und einen Tisch mit schöner 🔍 Aussicht ❹ (Osterbreite/Unter den Eichen, km 10,3)
200 m hinter dem Rastplatz Osterbreite gehen Sie an der T-Kreuzung nach rechts und 200 m durch Wald, dann stoßen Sie wieder auf den Waldrand, dem Sie nach links folgen. An der nächsten Kreuzung (km 10,8) wan-

dern Sie immer geradeaus auf einem Gras-/Fußweg weiter am Waldrand entlang. Sie treffen auf zwei 🪑 Bänke mit schönem Blick auf Aerzen (km 11,5).

400 m hinter den zwei Bänken erreichen Sie ein Naturdenkmal, die tote Königseiche Aerzen.

Königseiche Aerzen

Die 400 Jahre alte, als Naturdenkmal ausgewiesene Königseiche steht leider nicht mehr, sie ist 2014 umgebrochen. Der beeindruckende, massive Stamm dieser Stieleiche modert seither ungestört vor sich hin. Es ist spannend mit anzuschauen, wie lange Insekten und Pilze brauchen, um ihn zu Humus zu zersetzen.

Königseiche Aerzen

Sie wandern weiter ein Stück am Waldrand entlang, gehen dann geradeaus in den Wald hinein (km 12,1) und stoßen schließlich auf einen Teerweg (km 12,45), der Sie nach rechts zum Start- und Zielpunkt, dem Wanderparkplatz Waldquelle (km 12,6), führt.

Süden und Osten

⑱ Osterwald   ⌘ ⊼ ✕ 🏠

Für Natur- und Kulturliebhaber   👫 👫 🐕 🐕 🐕

Der Rundweg von Osterwald aus um den 419 m hohen Fast beginnt und endet am sehenswerten Besucherbergwerk Hüttenstollen und führt Sie zu einem idyllischen kleinen See im Naturschutzgebiet St. Avold. Die Anstiege kosten etwas Kraft, die aber bei einer Einkehr in der Sennhütte oder einer Rast am See wieder erneuert werden kann.

↻ Start/Ziel: Parkplatz am Besucherbergwerk, Steigerbrink 25, Salzhemmendorf-Oster-wald, GPS N 52°6.853' E 009°37.543'

➲ 11,2 km

⧗ 4 Std.

↑ ↓ 370 m/370 m

⇧ 223-388 m

✎ Kannsteinweg (weißes Dreieck, km 0-0,35, km 2,75-km 3,05 und km 3,9-km 4,1), ohne Markierung über Wegweiser (km 0,35-km 2,75 und km 4,1-km 11,2), NSG-Rundweg (km 3,05-km 3,9)

✕ Restaurant Sennhütte (km 4,05)

⊼ Unterstand Steinbachtalhütte (km 2), Bank am See (km 3,35)

👫 Besucherbergwerk Hüttenstollen, St. Avold, Einkehrmöglichkeit Sennhütte

🚲 Feinschotterweg bis Sennhütte und zurück ganz gut fahrbar, gesamter Rundweg wegen teils grasbewachsener Wege eher nicht geeignet

🐕 einfacher Untergrund, aber ganzjährige Leinenpflicht im NSG St. Avold (km 3,1-3,8)

🅿 Parkplatz am Besucherbergwerk, Steigerbrink 25, Salzhemmendorf-Osterwald, GPS N 52°6.853' E 009°37.543'

🚌 Die Bushaltestelle „Osterwald Ortsmitte" (Linie 71, 🖥 www.oeffis.de) ist ca. 700 m entfernt vom Start- und Zielpunkt.

Der Rundwanderweg nördlich von Osterwald beginnt direkt am Parkplatz des Besucherbergwerkes Hüttenstollen.

Besucherbergwerk Hüttenstollen

Am 16. Juni 1980 wurde der Verein zur Förderung des Bergmannswesens Osterwald e. V. gegründet und bereits 12 Tage später öffnete das Besucher-

Wanderin am Stolleneingang in Osterwald

bergwerk. Es erinnert insbesondere an die Zeit zwischen 1842 und 1894, als hier die hohe Zeit des Steinkohlebergbaus war. Nach dem Ersten Weltkrieg förderte man erneut einige Jahre bis zur Stilllegung 1926. Nach dem Zweiten Weltkrieg wurde das Bergwerk ein letztes Mal zur Förderung von Kohle und Ton, die 1954 wieder aufgegeben wurde, wiederbelebt.

⌘ **Besucherbergwerk Hüttenstollen**, Steigerbrink 25, 31020 Salzhemmendorf, ☎ 051 53/96 48 46, ✉ kontakt@der-huettenstollen.de, 🖥 www.der-huettenstollen.de, 🔦 Stollenführungen: März-Okt So 13:15 und 14:30, ganzjährig nach Vereinbarung möglich, Museum: So während der Stollenführungen + Mi 15:00-18:00

An der östlichen Seite des Parkplatzes finden Sie die Infotafel „Wandern im Osterwald". An dieser Infotafel vorbei geht es in den Buchenhochwald hinein.

Auf den ersten 350 m werden Sie von einem weißen Dreieck geleitet, das für den Kannsteinweg steht. Sie folgen dem guten, feingeschotterten

Weg bis zu einer Kreuzung mit Infotafel und zwei Bänken (km 0,35). Hier verlassen Sie den Kannsteinweg und überqueren die Kreuzung geradeaus.

✎   Als Alternative können Sie hier dem Kannsteinweg weiter Richtung Sennhütte folgen. Sie stoßen dann nach ca. 2,8 km wieder auf den hier beschriebenen Weg (bei km 2,75).

Sie gehen immer geradeaus, wandern auf dem Ameisenweg ins Wasserschutzgebiet hinein (km 0,8) und bis zu einer Kreuzung, an der ein Pfahl mit einer aufgemalten 7 steht (km 1,4). Hier wenden Sie sich nach links Richtung Sennhütte. Nach gut 250 m passieren Sie den ⛺ Unterstand Steinbachtalhütte ❶ rechts des Weges und spazieren weiter Richtung Sennhütte.

Bei dem mit einer 12 markierten Wegweiser mündet der Kannsteinweg wieder ein und bringt Sie zu einer Kreuzung mit dem Wegweiser 13 (km 3,05).

Hier biegen Sie nach links Richtung Fast ab, wenn Sie das NSG St. Avold umrunden möchten. Dieser kleine Rundweg ist ca. 800 m lang.

✎   Wenn Sie ihn links liegen lassen wollen, dann folgen Sie weiter geradeaus dem Kannsteinweg bis zur Sennhütte ❷ (km 4,05).

Auf dem Weg nach links zum Fast und zum St. Avold nehmen Sie nach ca. 80 m einen etwas schlechteren Waldweg, der als NSG-Rundweg angezeigt wird und nicht für Kinderwagen geeignet ist, nach links.

Der Waldweg wird zu einem Pfad, der Sie zur Infotafel „St. Avold" und geradeaus weiter zum gleichnamigen See führt (km 3,35). Sie kommen zu einer ⊼ Bank mit schöner Aussicht auf den See.

Naturschutzgebiet St. Avold

Der kleine idyllische See entstand in einem Sandsteinbruch, der um 1900 erschlossen und bis 1964 genutzt wurde. Die hier tätigen lothringischen Steinmetze nannten ihn „St. Avold", weil sie scherzhaft meinten, dass man, um ihn von Osterwald aus zu erreichen, fast so weit laufen müsse wie nach St. Avold, ihrer Heimatgemeinde in Lothringen, knapp hinter Saarbrücken.

Die hier abgebauten Sandsteine stammen aus der Wealden-Formation, die am Beginn der Unterkreide (vor 138-142 Mio. Jahren) entstand. Durch ihre Härte sind sie geeignet für pompöse, Eindruck erheischende Gebäude, wie z. B. das Neue Rathaus in Hannover, das von 1901 bis 1913 aus Wealden-Sandstein erbaut wurde, der z. T. aus eben diesem Steinbruch stammte.

In dem alten Sandsteinbruch hat sich ein naturnaher See entwickelt, der im Verordnungstext zum NSG mit den Worten „Landschaftsbild von hervorragender Schönheit" gepriesen wird. Wenn Sie auf der Bank auf dem Felsplateau sitzen, die Klippen links und rechts bewundern oder die Vögel in der Verlandungszone beobachten, dann werden Sie wissen warum.

NSG St. Avold

Hinter der Bank führt Sie der Pfad an ein Schild „Wasserschutzgebiet" und an einen Waldweg, an dem Sie nach rechts bergab gehen und zu der schon bekannten Kreuzung kommen, an der der Wegweiser 13 steht.

Sie biegen jetzt nach links ab und erreichen das Restaurant Sennhütte ❷ (km 4,05).

✗ **Restaurant Stuckis Sennhütte**, Sennhütte 1, 31020 Salzhemmendorf,
    ☎ 050 44/47 92, ✉ info@stuckis-sennhuette.de, 🖥 www.stuckis-sennhuette.de,
    🕐 Mo + Mi ab 11:30, Fr ab 17:00, Sa + So ab 11:00, warme Küche 11:30-14:30 und
    ab 17:00

Kurz hinter der Sennhütte (km 4,1) geht rechts ein schlechterer Weg ab, der als Kannsteinweg gekennzeichnet ist. Diesem folgen Sie aber nicht, sondern wandern nun ohne Wanderwegzeichen durch eine Linkskurve auf dem Hauptweg weiter und erreichen die Meerpfühle ❸ (km 5,2).

Die Meerpfühle

In den Hannoverschen Geschichten und Sagen aus dem Jahre 1878 heißt es:

„Die Meerpfühle auf dem hohen bewaldeten Berge, welcher der Osterwald genannt wird, ein umsumpfter Wasserbehälter, sind kohlenschwarz und bodenlos. Sie liegen da in unheimlicher, Schauer erregender Ruhe und sind durch ihre merkwürdigen Eigenschaften in dortiger Gegend übel berüchtigt.

Wenn ein Wanderer zu ihnen kommt, so überfällt ihn ein eigenthümliches unheimliches Grauen. Sobald er in das schwarze todte Gewässer hineinschaut, ist er wie umzaubert und nicht im Stande, den Weg, welchen er einschlagen wollte, weiter fortzusetzen. Es ist als ob er ganz verwirrt wird und er mag wollen oder nicht, er muß sich verirren."

Seien Sie froh, wenn Sie hier heil vorbeikommen!

Wenn Sie doch wider Erwarten die Meerpfühle passieren konnten, kommen Sie kurz hinter einer Linkskurve zu einer Kastanie auf der linken Seite (km 6,3), in deren Stamm ein Pfeil eingewachsen ist. Hier nehmen Sie den Waldweg nach links bergauf.

An der Kreuzung am Pfosten 17 (km 6,65) wandern Sie nach links Richtung Sennhütte und an der Weggabel am Pfosten 16 (km 7,2) nehmen Sie die rechte Möglichkeit Richtung Osterwald. Sie überqueren geradeaus die Kreuzung am Pfosten 15 (km 7,5) Richtung Osterwald, passieren zwei dicke Sandsteine auf der linken Seite (km 8), einen kleinen Tümpel auf der rechten Seite (km 8,4) und folgen dem Weg durch eine scharfe Rechtskurve hindurch (km 9,2). Beim Wegweiser 24 (km 9,9) stoßen Sie auf einen kleinen geteerten Weg und gehen darauf geradeaus Richtung Osterwald. An einem Drehplatz (km 10,1) sehen Sie dann schon das Ortsschild von Osterwald ❹.

Osterwald betreten Sie auf der Drei-Linden-Straße und Sie gehen den Bruchweg (km 10,35) nach links bergan bis zum Waldrand (km 10,55), wo Sie nach rechts auf den Ernst-Sieglind-Weg einbiegen.

An der Infotafel „Wandern im Osterwald" (km 10,75) folgen Sie dem Weg Hinter den Tannen, der Sie zurück zum Ausgangspunkt, dem Parkplatz am Hüttenstollen, bringt (km 11,2).

Idyllisches Osterwald

⑲ Ith I   ⚹ 🛖

Für Naturliebhaber   🐐

Ein Highlight des Weserberglandes ist auf jeden Fall der Ith. Der Auf- und Abstieg ist beschwerlich, aber oben wandert man auf einem schmalen Kammweg durch Laubwald an vielen Klippen entlang und genießt bei gutem Wetter eine fantastische Fernsicht.

↻ Start/Ziel: Parkplatz Kirche Lauenstein, Im Flecken, Salzhemmendorf (Lauenstein), GPS N 52°4.624' E 009° 33.167'

➲ 12,3 km

⧗ 4 Std. und 15 Min.

↑ ↓ 467 m/467 m

⇧ 143-425 m

✎ Wegweiser Richtung Ith-Turm (bis km 2,2), CO3 (blaue 3 auf gelbem Grund, km 2,2-km 4,35), CO2 (blaue 2 auf gelbem Grund, km 4,35-km 5,9), CO4 (blaue 4 auf gelbem Grund, km 6,55-km 10), Ith-Hils-Weg (km 10-km 11), keine Wegzeichen (km 5,9-km 6,55 und km 11-km 12,3)

✗ keine Einkehrmöglichkeiten am Weg

⚹ mehrere Bänke, Unterstand mit Bänken (km 1,45), Ith-Turm (km 2,2),

👪 Für Kinder ungeeignet. Der Pfad führt häufig nah an Klippen entlang.

🛒 ungeeignet durch steilen Anstieg, Fußpfade und sehr steilen Abstieg

🐐 fast der gesamte Weg liegt im NSG (km 0,7-km 10) mit Leinenzwang, wenig Trinkmöglichkeiten

🅿 Parkplatz Kirche Lauenstein, Im Flecken, Salzhemmendorf (Lauenstein), GPS N 52°4.624' E 009° 33.167'

🚌 Die Bushaltestelle „Lauenstein Bürgerpark" liegt am oberen Ende des Parkplatzes Kirche Lauenstein (Linien 50 und 54, 🖥 www.oeffis.de).

Am Wanderparkplatz an der Kirche in Lauenstein am Fuße des Ith beginnt dieser sehr schöne Wanderweg. Sie gehen bergan am ehemaligen Amtsgericht vorbei zur oberen Ausfahrt und dann geradeaus die Straße Rennenberg hinauf.

An der Kreuzung mit einer kleinen Grünfläche und einer Bank (km 0,3) biegen Sie nach links auf die Straße Hinter der Burg ein. Ein Wegweiser

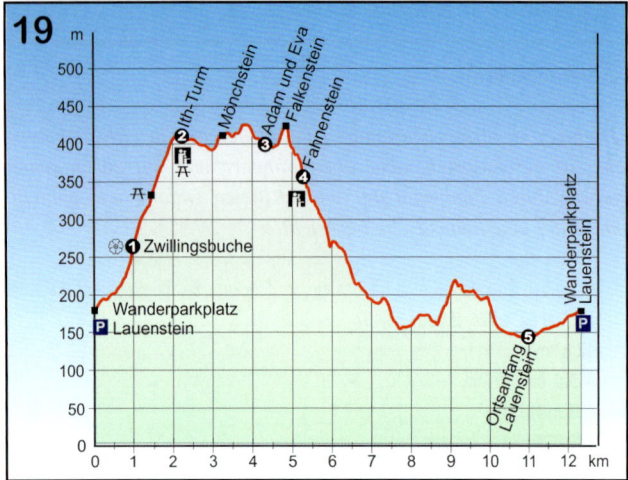

zeigt Ihnen an, dass der Ith-Turm 2 km entfernt ist. Auf diesen beiden Kilometern werden die höchsten Herzschlagfrequenzen dieser Tour erreicht, danach brauchen Sie sich dann kaum noch anstrengen.

An der Weggabel knapp 100 m weiter gehen Sie rechts. Aus der Teerstraße wird ein Feinschotterweg und bei der Gabelung bei einer Silage (km 0,55) nehmen Sie die rechte Möglichkeit.

Der Weg ist bis zum Ith-Turm gut durch Wegweiser gekennzeichnet. Sie passieren die Abzweigung zum Lauenteich (km 0,85) und betreten das Naturschutzgebiet Ith.

NSG Ith

Die naturnahen Buchenwälder des Ith sind ganz besonders schön im Frühjahr, wenn Lerchensporn und Buschwindröschen großflächige Blütenteppiche entstehen lassen. Sie sind die Heimat von seltenen Tieren (Uhu, Grauspecht und Fledermäusen), pflanzlichen Raritäten (Orchideen, Blaugras und Flechtenarten) und sie wachsen in einer spektakulären Landschaft mit bizarren Klippen und wunderschönen Ausblicken.

Die eindrucksvollen Felsformationen auf dem Ith-Schichtkamm bestehen aus Korallenoolith (☞ Korallenoolith, S. 101), der sich aus einem

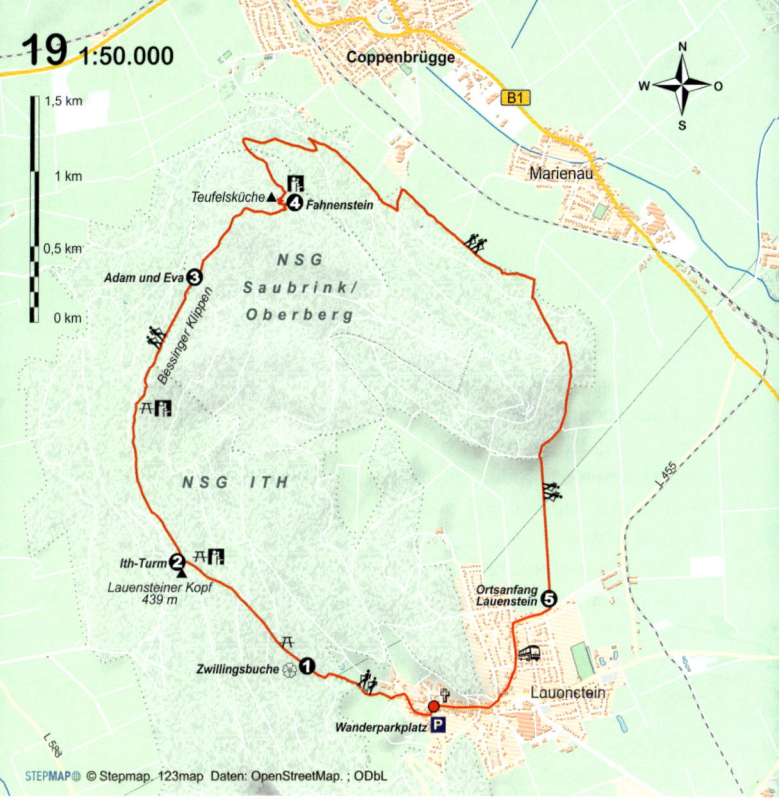

Korallenriff im Jurameer (🐚 Oberer Jura, S. 114) gebildet hat. Das Leben auf diesen Felsen ist für Pflanzen extrem schwierig: nur wenig Halt, kaum Nahrung, extreme Temperaturschwankungen und Trockenheit. Diese extremen Bedingungen ertragen nur spezialisierte Pflanzen wie der gold-gelb blühende Scharfe Mauerpfeffer (Sedum acre, auch Scharfe Fetthenne genannt), den man auch in Steingärten und als Dachbegrünung findet.

Fast jede Pflanze, die etwas auf sich hält, öffnet tagsüber ihre Spaltöffnungen, um CO_2 als Grundbaustein für die Photosynthese aufzunehmen: Aus Licht und CO_2 entsteht Zucker. Die Pflanze hat dabei nur ein großes Problem, denn bei offenen Spaltöffnungen verliert sie Wasser: bei den extrem trockenen Felsstandorten eine Katastrophe. Das Problem hat der

Mauerpfeffer raffiniert gelöst. Er öffnet die Spaltöffnungen nachts, wenn es nicht so heiß ist. Das aufgenommene CO_2 wird dann mit Hilfe von Apfelsäure zwischengespeichert. Tagsüber schließt er die Poren und nutzt das in der Apfelsäure gebundene CO_2 zur Photosynthese. Durch diesen Trick verliert er viel weniger Wasser und kann auf den extremen Felsstandorten überleben.

Ein seltener tierischer Bewohner des NSG ist die Wildkatze, die hier seit 2007 wieder heimisch ist. Im Jahr 2000 wurde die deutsche Population auf 1.700 bis 5.000 Tiere geschätzt, in Niedersachsen kommt sie nur im Harz und im Gebiet hier vor.

Etwa 100 m hinter dem Waldrand nehmen Sie in einer scharfen Linkskurve des guten Weges nach rechts einen Pfad hinauf Richtung Ith-Turm und passieren das Naturdenkmal Zwillingsbuche ❶ (km 1,05). Hier sind zwei Buchen am Fuß und zusätzlich in einer Höhe von ca. 4-5 m zusammengewachsen.

Sie steigen weiter auf, stoßen auf einen guten Waldweg namens Jürgensweg, an dem Sie einen ⛺ Unterstand mit Bänken finden (km 1,45),

überqueren den Weg geradeaus und erreichen einen weiteren guten Waldweg (km 1,75). Hier finden Sie einen Wegweiser mit dem desillusionieren-
den Hinweis, dass es noch 1 km bis zum Ith-Turm sei. Zum Glück sind es
aber nur noch etwa 500 m.

Der Ith-Turm liegt ganz oben auf dem Ith-Kamm ❷ (km 2,2).

Ith-Turm

Der erste Turm an dieser Stelle war der 1885 eingeweihte, hölzerne Wil-
helmsturm. Ein „Baucomité" hatte dazu 1.200 Mark aus Spenden, eigenen
Mitteln und 300 Mark vom Vergnügungskomitee der Stadt Hannover
zusammengebracht. Benannt wurde er nach Kaiser Wilhelm I. (1797-
1888).

Der Turm war schon 12 Jahre später baufällig und die Besteigung musste verboten werden. Man sammelte wieder Geld, z. T. durch Theaterauffüh-
rungen, und konnte am 16. Mai 1912 den heutigen, 13,8 m hohen Turm aus
Dolomitstein einweihen. Von oben haben Sie eine fantastische Sicht auf
das Weserbergland.

Blick von Ith-Turm

Adam und Eva

Der nicht bewirtschaftete Turm ist immer geöffnet. Sie finden in unmittelbarer Nähe einen 🏕 Picknickplatz mit Tischen und Bänken und einen Unterstellraum mit Bänken.

Die Orientierung ist jetzt ganz einfach: Sie wandern nach rechts auf dem Kamm entlang, die Felsen und Klippen liegen immer zu Ihrer Linken.

Der Pfad auf dem Ith-Kamm ist Teil von Weitwanderwegen, z. B. dem Europäischen Wanderweg E11, dem Ith-Hils-Weg oder dem Roswitha-Weg und dem CO3, denen Sie bis zu den Felsen Adam und Eva (bei km 4,35) folgen können.

✎   CO3 (blaue 3 auf gelbem Grund, km 2,2-km 4,35)

Unterwegs kommen Sie an eindrucksvollen Klippen vorbei. Bei km 4,05 finden Sie, wenn Sie immer den Fußpfad gehen, der ganz nah an den Klippen entlangführt, eine ☍ Bank mit sehr schöner ▇ Aussicht.

Schließlich biegt der CO3-Weg nach links vom Kamm ab (km 4,35). Etwa 15 m bergab hinter dieser Abzweigung finden Sie einen Grenzstein von 1664 und kurz dahinter stehen zwei einzelne Felsen, die Adam und Eva genannt werden ❸. Der größere der beiden soll – von einem bestimmten Blickwinkel aus betrachtet und wenn man sehr fantasiebegabt ist – an eine schwangere Frau erinnern.

Nach der Besichtigung der schwangeren Eva steigen Sie wieder zum Kamm hinauf und gehen nach links weiter auf dem Kamm entlang.

✎   Sie folgen jetzt dem Roswitha-Weg und dem CO2 (blaue 2 auf gelbem Grund, km 4,35-km 5,9) und zunächst den Wegweisern Richtung Teufelsküche und Fahnenstein.

Wahrscheinlich werden Ihnen die Grenzsteine von 1780 auffallen, die ein auffälliges Zeichen tragen: eine Wolfsangel.

Wolfsangel

Eine Wolfsangel war ein Jagdgerät, das im wahrsten Wortsinne zum Angeln von Wölfen verwendet wurde. Ein zugespitztes Flacheisen, von der Form her wie das Zeichen auf dem Grenzstein, wurde in einem Köder versteckt und so hoch an einem Baum aufgehängt, dass der Wolf springen musste, um es zu erreichen. Hatte er den Köder geschnappt, verhakte sich das Eisen in seinem Maul und der Wolf hing wehrlos an der Angel. Ernst August I. (1771-1851), König von Hannover, machte die Wolfsangel zum Symbol für den hannoverschen Forst- und Jagddienst. Sie ist daher auf vielen Grenzsteinen abgebildet.

Ausblick an den Bessinger Klippen

Sie passieren die Falkensteinklippen (km 4,8), laufen durch einen verwunschenen Wald mit vielen verstreut liegenden Steinblöcken und steigen an der Schichtkammstirn einen Fußpfad bergab zum Fahnenstein ❹ (km 5,25). An dieser Kanzel haben Sie einen wunderbaren 🚻 Blick über Coppenbrügge.

Beim weiteren Abstieg durch die Teufelsküche müssen Sie aufpassen. Der Weg ist sehr steil und bei Regen glitschig, aber er ist entschärft durch Treppenstufen und Geländer.

Teufelsküche

„ANNO 1284 AM DAGE JOHANNIS ET PAULI WAR DER 26. JUNI – DORCH EINEN PIPER MIT ALLERLEY FARVE BEKLEDET GEWESEN CXXX KINDER VERLEDET BINNEN HAMELN GEBOREN – TO CALVARIE BI DEN KOPPEN VERLOREN." So fasst eine Inschrift aus dem 17. Jahrhundert am Rattenfängerhaus in Hameln die weltberühmte Geschichte vom Rattenfänger zusammen. Forscher haben sich seither den

Kopf über den Kern der Geschichte zerbrochen. Als wahrscheinlichste Möglichkeit gilt, dass die 130 Kinder in Wirklichkeit junge Erwachsene waren, die im Zuge der Ostkolonisation einem Werber folgten. Aber stimmt das? Immerhin hieß der Ith in früheren Zeiten Koppenberg, der Ort am Fuße heißt noch heute Coppenbrügge. Es wäre gut möglich, dass mit „bi den Koppen" der Ith gemeint ist. Einige Forscher gehen davon aus, dass der Verlust der Kinder auf ein Naturereignis, womöglich den Einsturz einer Höhle, oder einen durch Steinschlag herbeigeführten Massenmord im Bereich der Teufelsküche zurückzuführen ist.

Wenn man die Geschichte so deutet, könnte die Übersetzung der Inschrift ins Hochdeutsche wie folgt aussehen:

„Am 26. Juni 1284, am Gedenktag [der Märtyrer] Johannes und Paul, gingen 130 einst in Hameln geborene Kinder durch einen farbig gekleideten Pfeifer am Kalvarienberg [Hinrichtungsplatz oder Gedenkstelle an die Passion Christi] beim Ith verloren."

Am Fuße des steilsten Stückes folgen Sie dem Weg durch eine scharfe Linkskurve und verlassen auf einem breiten Pfad den Naturwald Saubrink/Oberberg (km 5,85). 50 m weiter kommen Sie an einer auffälligen Verflachung an eine Kreuzung, an der der CO2 und der E11 nach links abbiegen.

✎   Sie verlassen hier den CO2.

Sie bleiben auf dem Waldweg, dem Sie durch eine Rechtskurve folgen. Sie erreichen eine Kreuzung (km 6,45), an der Sie nach links Richtung Coppenbrügge abbiegen (und nicht rechts nach Lauenstein!). Nach nur 100 m biegen Sie scharf rechts ab und marschieren jetzt erst Richtung Lauenstein.

✎   Der Weg ist jetzt als CO4 (blaue 4 auf gelbem Grund) und als Ith-Hils-Weg gekennzeichnet.

Zunächst wandern Sie auf einem neuen Waldweg, dann (km 6,85) geradeaus auf einem Fußpfad immer am Waldrand entlang bis zu einem feinschotterigen Weg (km 7,25), dem Sie nach links folgen. 100 m darauf

Distelfalter auf Wasserdost

kommen Sie ans Berliner Kreuz. Hier folgen Sie links dem Ith-Hils-Weg. Sie erreichen eine Schranke (km 7,5) und wandern nach rechts einen kleineren Weg am Waldrand entlang. Sie überqueren zwei kleine Rinnsale (km 7,7 und km 8,4). 250 m hinter der mit Platten ausgelegten zweiten Furt gehen Sie an einer Schranke vorbei auf einen Forstweg und dort rechts an einer weiteren Schranke vorbei. Der Wanderweg ist ab hier auch zusätzlich als Kannsteinweg markiert.

An der Weggabel mit einer Bank 100 m weiter nehmen Sie den linken, etwas weniger steilen Weg, der auch gut als CO4 und Ith-Hils-Weg gekennzeichnet ist. Es geht nun wieder deutlich bergauf und immer geradeaus.

Wenn Sie den Anstieg überwunden haben, werden Sie durch die Wegmarkierungen nach links bergab geleitet (km 9,05). Der Weg macht erst eine Rechtskurve und führt dann immer geradeaus, begleitet wieder den Waldrand (ab km 9,45) und bringt Sie zu einer Weggabelung (km 10).

✎　　Hier verlassen Sie den CO4 und folgen weiter dem Ith-Hils-Weg.

Der Ith-Hils-Weg führt Sie bergab ins Feld und auf Lauenau zu, das Sie an der Rudorff-Straße erreichen ❺ (km 11).

✎　　Sie verlassen hier den Ith-Hils-Weg.

Der Rudorff-Straße folgen Sie nach rechts, biegen 300 m weiter nach links ab (immer noch Rudorff-Straße) und treffen auf die Hauptstraße (= Hemmendorfer Straße/Im Flecken), die Sie nach rechts zum Ausgangspunkt zurückbringt (km 12,3).

⑳ Amelgatzen   ⌘ ⯒ ✕

Für Naturliebhaber   ﬨ ﬨ   🐾 🐾 🐾

Der einfache Rundweg begleitet von Amelgatzen bis Welsede die Emmer und führt dann auf die Hochfläche von Lüntorf. Der Wechsel von Wald und Ackerland und die schönen Ausblicke kennzeichnen diesen reizvollen Weg.

↻   Start/Ziel: Parkplatz an der Emmer, Emmerstraße, Amelgatzen,
     GPS N 52°0.692' E 009° 20.742'

➲   8,8 km

⧗   3 Std.

↑ ↓   225 m/225 m

⇧   82-235 m

✎   Weserberglandweg (XW, km 0,1-km 0,3), ET 9 (gelbes Schild mit blauer Aufschrift
     „ET 9", km 0,3-km 8,5), Weserberglandweg (km 6,3-km 8,7)

✕   keine Einkehrmöglichkeiten am Weg

⯒   Bank und Tisch in Amelgatzen an der Emmer (km 0 und km 8,8), Bank und Tisch am
     Ortsrand von Welsede (km 2,1), bequeme Bank am Bach (km 6,35)

ﬨ   einfach und ohne besondere Gefahren

🛒   Der gesamte Rundweg ist für Buggys wegen schlechter Wegstrecken (z. B. km 6,7-
     km 7,7) nicht geeignet. Von Amelgatzen über Welsede bis ca. km 2,6 und zurück ist
     der Weg für Wandere mit Kinderwagen sehr gut geeignet.

🐾   nur von km 0-km 1,55 sowie km 8,5-km 8,8 am NSG Emmertal mit Leinenzwang,
     guter Untergrund

🅿   Parkplatz an der Emmer, Emmerstraße, Amelgatzen, GPS N 52°0.692'
     E 009° 20.742'

🚌   Die Bushaltestelle „Amelgatzen Schule" (Linien 30, 40 und 45, 🖳 www.oeffis.de)
     liegt ca. 450 m vom Start- und Zielpunkt entfernt.

Am Ortsrand von Amelgatzen liegt nah an der Emmer, an der Kreuzung Am Damm/Emmerstraße, ein kleiner ⯒ Rastplatz mit Tisch, Bänken und Infotafel. Hier können Sie sich über die Gemeinde Emmertal informieren und den Rundweg starten.

Zuerst überqueren Sie die Emmer und gehen an der Kreuzung mit dem durchbohrten Brett den geteerten Weg geradeaus durch die Aue und folgen

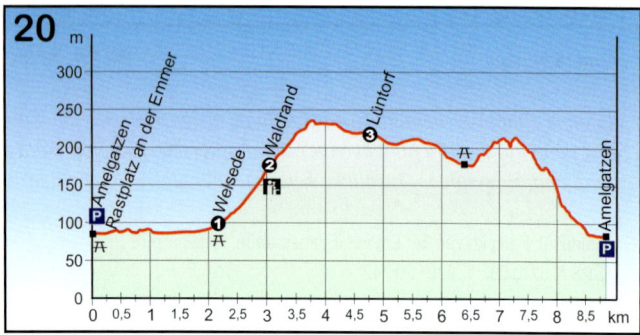

dann dem mit ET9 gekennzeichneten Weg Richtung Welsede (km 0,3). 30 m weiter an der Gabelung zweier Teerwege nehmen Sie den rechten weiter unten im Tal und passieren Tennisplatz, Sportplatz und Sportlerheim.

Sie wandern immer im Emmertalgrund weiter bis zu der langen Mauer, die das Rittergut Welsede beschützt (km 1,55). Sie nehmen an der T-Kreuzung vor der Mauer die Möglichkeit nach links, durchlaufen die folgende Rechtskurve und marschieren immer an der Wand lang nach Welsede ❶. Bereits im Ort finden Sie zwei 🍴 Bänke und einen Tisch zum Ausruhen und eine Infotafel zum Rittergut Welsede (km 1,9).

Caroline von Linsingen

Das Interessante am Rittergut Welsede sind nicht die Gebäude (neues Herrenhaus von 1882, Gutskapelle von 1669), sondern die Hannoveranerin Caroline von Linsingen (1768-1815): Sie soll hier in der Gutskapelle den späteren englischen und hannoverschen König Wilhelm IV. (1765-1837) heimlich geheiratet haben.

Der spätere König Wilhelm IV. (der letzte, der in Personalunion sowohl König von Großbritannien und Irland als auch von Hannover war) hieß zu der Zeit noch *His Royal Highness The Prince William Henry* und war sicher kein Glücksgriff für Caroline. Der Prinz war in der Marine gewesen und hatte vor allem die rustikalen Umgangsformen eines Seemanns verinnerlicht (Trinker, Schläger, Hurenbold). Seine nicht gerade überbordende Intelligenz führte zum Spitznamen „Silly Billy". In der Allgemeinen Deutschen Biographie aus dem Jahre 1898 liest sich das so: „[Er] beteiligte …

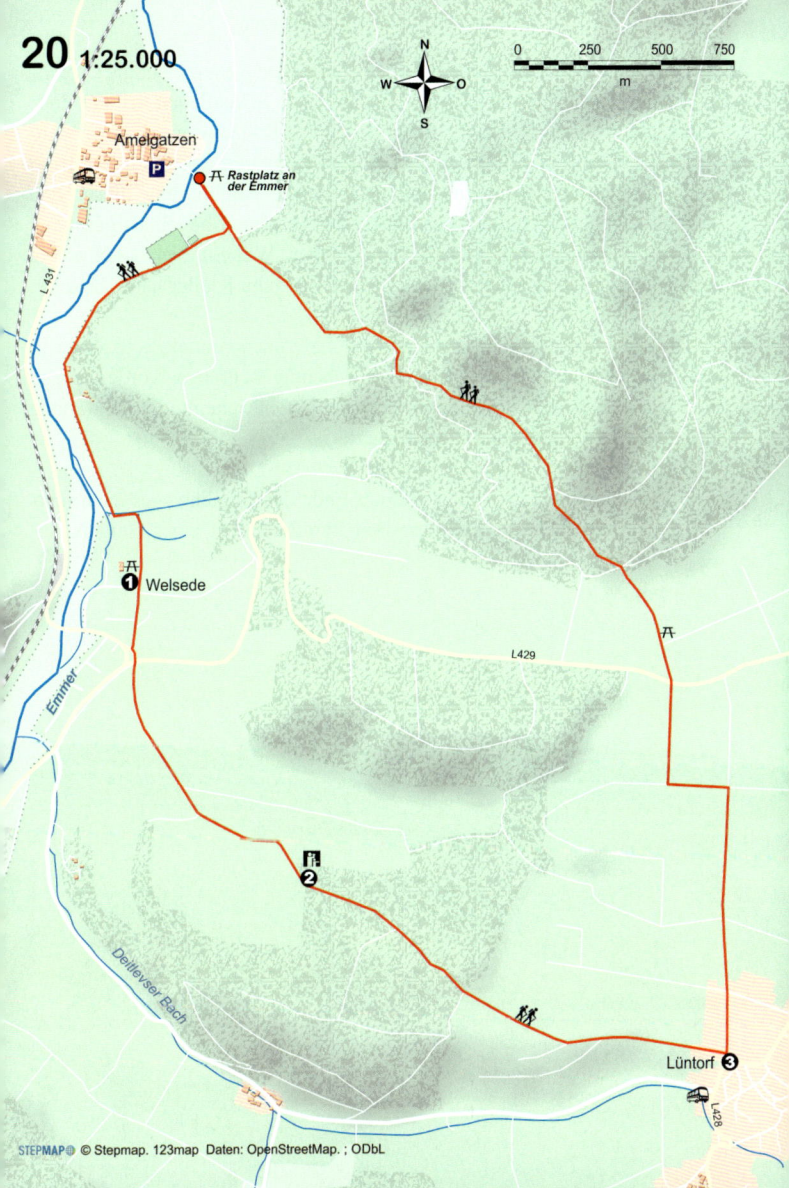

20 1:25.000

0 250 500 750
m

N
W O
S

Amelgatzen

P

⊼ *Rastplatz an der Emmer*

L 431

⊼ Welsede
1

L 429

⊼

2

Lüntorf **3**

Emmer

Dettlevser Bach

L 428

STEPMAP © Stepmap. 123map Daten: OpenStreetMap. ; ODbL

sich eifrig an der Discussion, ohne daß sich seinen Reden mehr als Lebhaftigkeit hätte nachrühmen lassen." Und über sein Sexualleben heißt es dort: „An Liebesaffairen leidet das Jugendleben des Prinzen sonst keinen Mangel." Die heimliche Hochzeit soll bei den engeren Verwandten auf so wenig Gegenliebe gestoßen sein, dass sie die Annulierung dieser Ehe durchdrückten. Allerdings ist es umstritten, ob diese Ehe jemals geschlossen wurde. Beweise scheint es keine zu geben. Wilhelm begab sich in die Arme einer irischen Schauspielerin, mit der er zehn Kinder hatte, bevor er tatsächlich nochmal standesgemäß heiratete.

Die arme Caroline hatte nach dieser Affäre noch einmal Pech. Sie erlitt einen Starrkrampf und wäre beinahe lebendig begraben worden, wenn nicht ein junger Arzt noch gerade rechtzeitig den Scheintod erkannt hätte und damit ihr Leben deutlich verlängerte.

Sie gehen geradeaus weiter und am Ende des Tannenweges nach links auf die Hauptstraße zu (Richtung Bad Pyrmont). Auf einer kleinen Ver-

Beim Rittergut

kehrsinsel gibt es erneut eine ⓧ Rastmöglichkeit und eine Infotafel zur Geschichte des Postwesens in dieser Gegend.

Sie überqueren die Hauptstraße und steigen auf einem Teerweg, der durch die Apfelbaumreihe mit den vielen Misteln bemerkenswert ist, bergan. Sie passieren Weihnachtsbaumplantagen und erreichen den Waldrand ❷ (km 3,1), wo Sie einen schönen 📷 Blick zurück haben.

Kurz nach dem Eintritt in den Hochwald mit Eichen und Buchen endet der Teerweg an einer Gabelung. Sie folgen hier dem Weg ET9 nach links, überqueren geradeaus die nächste Waldwegkreuzung (km 3,5), erreichen den Waldrand und wandern geradeaus über den 📷 Bergrücken nach Lüntorf ❸ (km 4,8).

Atomkraftwerk Grohnde

Das an der Weser liegende Atomkraftwerk Grohnde, das von mehreren Wanderwegen aus gut sichtbar ist, ging im Jahre 1984 ans Netz. Seither lieferte es bei einer Nettoleistung von 1.360 Megawatt im Schnitt 11 Milliarden kWh Strom pro Jahr. Mit dieser Leistung gehört es zu den erzeugungsstärksten Kernkraftwerken weltweit: Es wurde achtmal Produktionsweltmeister. Aufgrund des 2011 beschlossenen Ausstiegs Deutschlands aus der Kernenergie wird das Kraftwerk spätestens am 31. Dezember 2021 seinen Betrieb einstellen. Nach einer mindestens fünf Jahre andauernden Nachbetriebszeit wird es dann abgerissen werden.

Als Kernbrennstoff in den Brennstäben fungiert angereichertes Uran, bei dem der Anteil des Isotops Uran-235 ca. 4 % beträgt. Nach ca. drei Jahren, wenn der Anteil von Uran-235 zu gering geworden ist, wird der Brennstab ersetzt. Außerdem hat sich in dieser Zeit aus Uran-238, das ebenfalls in den Brennstäben enthalten ist, Plutonium gebildet, im Wesentlichen das Isotop Plutonium-239. Nach einer Wiederaufbereitung können das verbliebene Uran-235 und das Plutonium-239 erneut – und zwar in sogenannten MOX-Brennelementen, die auch in Grohnde zum Einsatz kommen – wiederverwendet werden.

Das AKW Grohnde hat zum Glück noch nie Störfälle melden müssen. Die Pannen in AKWs werden in den Gruppen „1 – Störung", „2 bis 3 – Störfall" und „4 bis 7 – Unfall" angegeben. Zur Stufe 7 („katastrophaler Unfall") zählen die Kernschmelzen in Fukushima (2011) und Tschernobyl (1986), als Stufe „6 – schwerer Unfall" galt Majak (1959). In den drei

Fällen wurden ganz erhebliche Mengen an radioaktiven Substanzen frei, allein bei dem GAU in Tschernobyl 1986 folgende Mengen: 26,5 Tonnen Cäsium-137 (Halbwertszeit 30 Jahre), 5,7 kg Plutonium-239 (Halbwertszeit 24.100 Jahre), 2,3 kg Krypton-35 (Halbwertszeit 10,8 Jahre) und 2,1 kg Plutonium-240 (Halbwertszeit 6.560 Jahre). Zur Stufe „5 – ernster Unfall" gehören immerhin 9 Ereignisse, die ebenfalls mit dem Austritt radioaktiver Substanzen verbunden sind.

Kurz hinter Lüntorf

An der T-Kreuzung in Lüntorf biegen Sie nach links Richtung Hämelschenburg ab und verlassen an der Ecke Wiesenstraße/Triftstraße den Ort geradeaus auf einem Teerweg. Sie unterqueren zweimal eine Hochspannungsleitung (km 5,25 und km 5,5) und biegen 150 m hinter der zweiten vom Teerweg nach links auf einen Grasweg ab. 200 m weiter wenden Sie sich nach rechts, überqueren geradeaus die Hauptstraße (km 6,15) und gehen geradeaus Richtung Amelgatzen auf den auffälligen Berg zu.

Emmer bei Amelgatzen

Am Waldrand (km 6,6) finden Sie auf der rechten Seite eine verwunschene Bank. An der kurz darauffolgenden Kreuzung mit einem guten Feinschotterweg nehmen Sie geradeaus den grasbewachsenen Weg. Sie passieren einen Hochstand (km 6,75) und erreichen eine Kreuzung mit einem weiteren Hochstand (km 6,95), an dem Sie nach links leicht bergab durch Buchenhochwald wandern.

An der Kreuzung mit dem besseren Waldweg (km 7,6) und den vielen Wegweisern gehen Sie geradeaus weiter Richtung Amelgatzen. 100 m weiter an der Weggabelung im Wald folgen Sie rechts bergab dem Wegzeichen ET9, erreichen den Waldrand (km 8,05) mit schönem Blick auf Amelgatzen und kommen an einem alten Steinbruch (km 8,2) vorbei.

Schließlich ist der Rundweg beendet, Sie stoßen auf den Teerweg, den Sie schon kennen und der Sie nach Amelgatzen zurückführt (km 8,8).

SIGMA

Ⓒ Contemporary

18-300mm F3.5-6.3
DC MACRO OS HSM

Ein Objektiv - unzählige Möglichkeiten. Dank seines großen Brennweiten-bereichs fängt der Allrounder jedes Motiv gestochen scharf und farbgewal-tig ein - perfekt für alle Fotografen, die unterwegs mit kleinem Gepäck reisen, aber höchste Bildqualität nicht missen möchten.

Buchtipps aus dem

GPS
Grundlagen · Tourenplanung · Navigation

Michael Hennemann
OutdoorHandbuch Band 375
Basiswissen für draußen
160 Seiten ▶ 277 farbige Abbildungen

ISBN 978-3-86686-495-5

>> **Wienerland**: *„Ein topaktuelles Handbuch, das kompetent GPS-Anfänger wie Fortgeschrittene informiert."*

Wandern mit Kind

Kerstin Micklitza
OutdoorHandbuch Band 15
Basiswissen für draußen
91 Seiten ▶ 32 farbige Abbildungen
13 farbige Illustrationen

ISBN 978-3-86686-015-5

>> **Outdoor**: *„Draußen sein, toben, spielen, aber auch wandern - ein Kindertraum. Wie man ihn am besten verwirklicht, erklärt kurz und prägnant die Autorin Kerstin Micklitza."*

Essbare Wildpflanzen

Hartmut Engel & Iris Kürschner
OutdoorHandbuch Band 5
Basixx · Basiswissen für draußen
160 Seiten ▶ 91 farbige Abbildungen
77 farbige Skizzen und Illustrationen

ISBN 978-3-86686-393-4

>> **Fluke**: *„Es stellt eine informative Begleitlektüre dar, um auch auf Wanderungen Nahrungs- und Heilmittel in der Natur zu finden."*